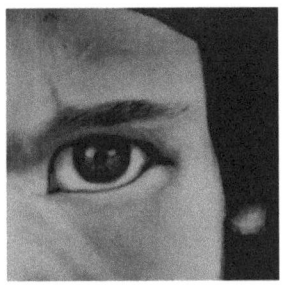

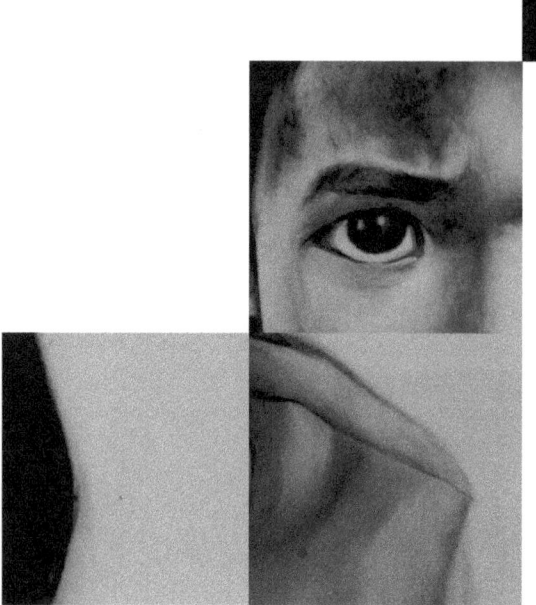

DESPIERTA A LOS DEMÁS

Una biografía de mi madre ~~tierra~~

Traducción por Alejandro Garzón y Josué Andrés Moz

WAKE THE OTHERS

A Biography of My Motherland

WILLY PALOMO

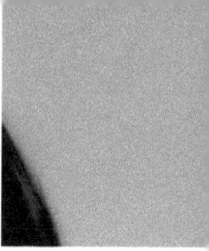

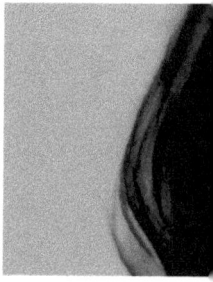

Wake The Others / Despierta a los demás
A Biography of My Motherland / Una biografía de mi madre tierra
Primera Edición / First Edition · Agosto / August 2023

Editorial Direction / Dirección editorial
Alexandra Lytton Regalado
Lucía de Sola

Translation / Traducción
Alejandro Garzón
Josué Andrés Moz

Cover Art / Arte de Portada
"El Mozote Chronicles" (2014)
Oswaldo Ramírez Castillo

Editorial Design / Diseño editorial
Efraín Caravantes

Copyright © 2023 by Editorial Kalina / Glass Spider Publishing
ISBN: 978-1-957917-32-0
Library of Congress Control Number: 2023911461

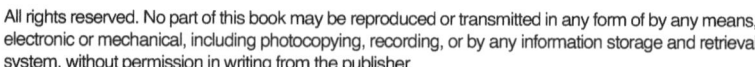

WAKE THE OTHERS

A Biography of My Motherland

WILLY PALOMO

DESPIERTA A LOS DEMÁS

Una biografía de mi madre tierra

Traducción por Alejandro Garzón y Josué Andrés Moz

Prólogo

Como una salvadoreña birracial que ha vivido su vida en espacios predominantemente blancos, conocía y preservaba como propios los relatos de mi madre, mi abuela, mi bisabuela y nuestra tierra de origen, El Salvador/Cuscatlán, pero sin tener a nadie, ni ningún espacio fuera de mí misma que pudiera entender o aprehender cómo y de qué manera las experiencias de mi madre, su madre y de la madre de ella me moldeaban y constituían mi fuerza vital, entretejidas en mi ser y definiéndome en tanto que mujer y artista, lo que hizo que mi arte y mis escritos se volvieran el conducto a través del cual preservaba el carácter sagrado de esas historias familiares que no podía confiarle así sin más al mundo. No obstante, tan pronto como me encontré en mi camino con otros salvis e hice amigos entre ellos, quedé sorprendida al experimentar la validación y familiaridad que sentí en nuestras historias compartidas; aquellas que preservábamos en honor de nuestras familias y nuestras madres, que pasaron por las profundidades del dolor y el fuego.

Leer "Despierta a los demás" resultó para mí una experiencia sagrada e íntima, volviéndome testigo de palabras y relatos que reflejaban a los que están escritos en el entramado de mi propio corazón, y aunque no conozco personalmente a los familiares que Willy describe con detalle en sus poemas, sé exactamente quiénes y qué tipo de personas son, descubrí la fuerza de las mujeres en medio de la guerra y la tragedia como una constante de amor y esperanza, una vela encendida en medio de la oscuridad del conflicto y el dolor, y también conozco el enojo derivado de querer una respuesta, de saber por qué nuestras madres tuvieron que pasar por todo lo que vivieron, sintiéndonos indignos de sus sacrificios y deseando, como si fuera un deber nuestro, sacrificar una parte de nosotros para evitar a nuestras familias, a nuestras madres, la experiencia de más dolor.

Los poemas de Willy viajan en oleadas, temerarios y desafiantes en sus detalles y narrativa, entre instantes de quietud y reflexión que marcan pausas, respiros, entre las muertes y la pérdida de la inocencia. Cada poema es una viñeta profundamente saturada de imágenes y sentimientos que salta a través del tiempo y de las perspectivas, moviéndose ágilmente entre los de la madre hacia los de

FORWARD

As a biracial Salvadoreña living my life in predominantly white spaces, I knew and held the stories of my mother, mi Abuela, mi Bisabuela, our motherland of El Salvador/Cuscatlán, but there was no other person and no other space that understood or had the ability to hold how the experiences of my mother, of her mother, and her mother were my life force, woven into my being as a woman and as an artist. My art and my writing became my vessel to hold the sacredness of my family's stories that I couldn't quite trust the world with. When I crossed paths and made friends with other Salvis, I was overwhelmed to find the validation and familiarity I felt in the shared stories we held for our families and our mothers who lived through the depths of pain and fire.

Reading *Wake the Others* was a sacred and intimate experience for me, witnessing words and stories reflecting back the ones written on the lining of my heart. Even though I don't personally know the family members Willy details in his poems, I know exactly who they are and the kind of people they are. I knew the strength of women in war and tragedy as a constant of hope and love; a candle lit in the darkness of war and pain. I also know the anger of wanting an answer; why our mothers had to go through what they did, feeling unworthy of their sacrifices, feeling the need to sacrifice part of ourselves to keep our families, our mothers, from experiencing any more pain.

Willy's poems travel in waves, brash and unapologetic in their details and narrative, and moments of stillness and reflection exhaling pauses in between the casualties and loss of innocence. Each poem is a deeply saturated vignette jumping across time and perspective, from mother to tia to a son reconciling his mother's stories, sneaking back glances of a land mourning through blood and fire. Though we as children of refugees, immigrants, and survivors know the stories and hold them in our bodies, there is an unfulfilled desire to truly know who our mothers are behind the trauma, and in turn, who we truly are behind our intergenerational shadows. What people don't realize is how as children of survivors, we have to reconcile how the trauma of our ancestors, of our families, of our mothers, shows up in our own bodies, and in our own lives.

la tía, hasta llegar a los de un hijo que hila los relatos de su progenitora, obteniendo con su labor atisbos de una tierra que llora a sus muertos entre la sangre y el fuego. A pesar de que nosotros, como hijos de refugiados, inmigrantes y sobrevivientes conocemos esas historias y las llevamos grabadas en el cuerpo, sigue habiendo en nosotros una necesidad insatisfecha por saber quiénes son nuestras madres más allá de su trauma y a la vez quiénes somos nosotros detrás de nuestras sombras intergeneracionales, ya que si de algo no se da cuenta la gente es de cómo, en tanto que hijos de sobrevivientes, tenemos que dotar de sentido y reconocimiento a la manera en que los traumas de nuestros ancestros, de nuestras familias y nuestras madres se manifiestan en nuestros propios cuerpos y nuestras vidas.

A menudo nuestra sociedad blanca occidental ha glorificado a los inmigrantes como figuras sobrehumanas, desprendidas y heroicas, pero la realidad es que los inmigrantes no quieren serlo, y parte de la reconciliación que Willy logra con sus poemas viene de que arranca de raíz la imagen idealizada del inmigrante y refugiado y la hace arder en llamas, representando a su madre en su narrativa como un simple ser humano, y en verdad no se me ocurre nada más compasivo que eso.

De hecho, siento que esta humanidad de base a flor de piel es la razón por la cual tantos salvis son artistas: nuestras palabras y nuestro arte llevan en ellos el dolor de lo que se nos dio y lo que perdimos, son el instrumento con que procesamos el trauma de nuestras familias y nuestros ancestros y, tal y como Willy lo describe de manera tan elocuente como honesta, cómo nuestras madres constituyen nuestra vida misma, nuestra corriente vital en la que las semillas de nuestras almas comienzan a germinar los nuevos mundos que creamos; si somos artistas, escritores y soñadores es gracias al amor y a la fuerza que las ha mantenido vivas a ellas, somos artistas porque nuestras madres sobrevivieron y sobrevivimos porque nuestro arte dota de voz a todas nuestras partes.

Sarah May
Artista, tejedora y cuentacuentos

Many times our western white society glorifies the immigrant as a selfless figure, godlike in their goodness and suffering. But the reality is, immigrants do not want to be immigrants. A part of the reconciliation Willy reaches in these poems strips away the glorified immigrant and refugee trope and burns it. He concludes the narrative of his mother as simply a human being, and I cannot think of anything more compassionate.

I feel this is why so many Salvis are artists; our words and our art hold the ache of what was taken and given, are how we process the trauma of our families and ancestry, and as Willy so beautifully and honestly depicts here, how our mothers are our life blood, and where the seeds of our souls are beginning to sprout the new worlds we are creating. We are artists, writers, and dreamers because of the love and strength that kept them alive. We are artists because our mothers survived, and we survive because our art gives all of our parts a voice.

Sarah May
Artist, Weaver, Storyteller

Este libro está dedicado a mi madre,
María Elba Palomo
y a todos sus sucesores:
Todos ustedes vivirán sus propias decepciones, quebrantos y guerras
y les tocará tomar sus propias decisiones imposibles.
Mi esperanza es que estas páginas les recuerden
la fuerza de todos los que estuvieron antes que ustedes
y de todos los que lucharon porque ustedes pudieran tener dicha.

Dedicated to my mother,
María Elba Palomo
and to all her ascendants:
you will have your own heartbreaks and wars,
your own impossible decisions to make.
My hope is that this book will remind you
of the strength of all who came before you,
of all those who fought so you may have joy.

CONTENTS
ÍNDICE

INVOCATION
INVOCACIÓN

SURVIVAL STORY
UNA HISTORIA DE SOBREVIVENCIA

PARTIDA

SHOULDA BEEN FELIPE AMAYA
DEBÍ HABER SIDO FELIPE AMAYA

Canciones de Cuna

Cómo dar a luz a mi madre

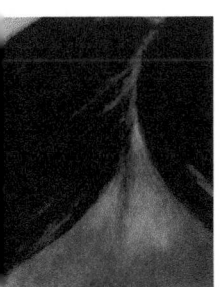
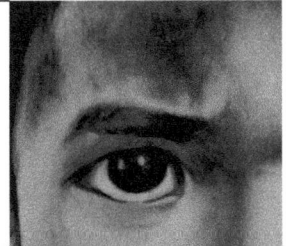
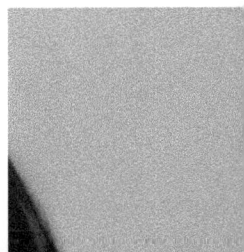

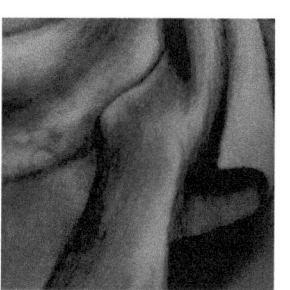

INVOCATION
INVOCACIÓN

Un hombre pedirá mi mano
y me la cortaré.
Naccrá otra
y volveré a cortarla.

El hombre pensará:
qué perfecta mujer, es un árbol de manos…

Elena Salamanca, "Sobre el mito de Santa Tecla"

En el nombre de Sipakti*

antes del hambre   antes de la *kukuya***
ella era la única palabra

para el toro   para la panza
empalada por su jadeo y su pezuña

para el insondable vacío que te hace
más débil que antes

para la desesperación que te vuelve
más fuerte de lo que eras

ella tenía más bocas
que una familia en hambruna

antes de que nos llames pobres
antes de que nos llames hambrientos

llámanos hijos de Sipakti
la fea diosa desfigurada por el hambre

esa terrible destructora que causa estragos
en toda la obra de los dioses

la que prefiere sacarnos los ojos
antes que mostrarnos justicia

---

* "Sipakti" es como se dice "crocodilo" en nawat y el nombre nawat de "Cipactli," un(a) dios(a) mexica. Las nahuas afuera del territorio mexica generalmente compartían estilos de gobernar y sus creencias religiosas con la mexica, se sugiere que hay posibilidad de que los nahuas salvadoreños reconocieran a Sipakti en tiempos precoloniales.
** "Kukuya" significa "enfermedad" en nawat.

*In the Name of Sipakti**

before *hunger*   before *hambre*
she was the only word

for the bull   for the belly
impaled by his hoof and huff

for the emptiness that makes you
weaker than before

for the desperation that makes you
stronger than before

she had more mouths
than a family in famine

before you call us poor
before you call us hungry

call us children of Sipakti
the ugly goddess   deformed by hunger

the wicked destroyer   wreaking havoc
on everything built by the gods

who rather gouge our eyes
than show us justice

---

*"Sipakti" is nawat for "crocodile" and the nawat iteration of
the nahuatl "Cipactli," a mexica god(dess). Nahuas outside
of mexica territory generally shared governing styles and
religions with the mexica, which suggests they may have
recognized Sipakti in pre-colonial times.

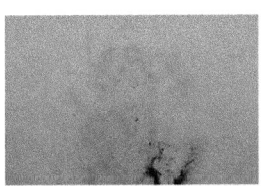

la que prefiere cortarnos las orejas
antes que escuchar nuestros lamentos

este no es un país
es una fosa común

estamos aquí para sembrar los campos
con los dientes dispersos

de las sonrisas de nuestras madres
y sacar de la tierra sus cabelleras mutiladas

murmurando suciedad
en lenguas antiguas

*

mira a mi gente
encabronados orinando monumentos

irrumpiendo en sus países
mi furia proveniente de aquel bolo que arrojó

la primera botella en mount pleasant
a los indios que perdieron la vida en izalco

antes de que los cristianos te bautizaran como el salvador
antes de que los tlaxcaltecas te nombraran cuscatlán

antes de nuestro dios kuskatan
fue   Sipakti   tu cabello

fue arrancado por los dioses desde la raíz
y trenzado por ellos en los árboles

who rather slice our ears
than hear our cries

this is not a country
it's a mass grave

we are here to sow
fields from the scattered teeth

of our mothers' smiles
to reap their mangled scalps

mumbling dirt
in ancient tongues

    *

look at my people
pissed off   pissing on monuments

breaking into your countries
my riot from the bolo who threw

the first bottle in mt. pleasant
to the indios who lost their lives in izalco

before christians named you el salvador
before tlaxcaltecas named you

cuscatlán   before our god kuskatan
it was you   Sipakti   your hair

the gods tore from the scalp & braided
into trees   your monte climbing

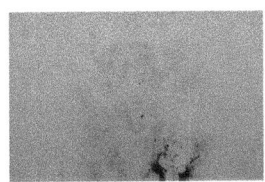

tu monte escalando las montañas de tus pechos
tus hombros los pesados peñascos

que los dioses izaron desde tu espalda
tus piernas el rojo horizonte

que los dioses separaron de un tajo
declarándolo su reino

es tu matriz la que han reclamado
como su nación

y a ti a quien encontramos cada día
tus pies masacrados sobresaliendo de bolsas negras

tus manos tatuadas resucitando
de los ríos   un torrente infinito

de hormigas naciendo
entre los muslos de tus hijas

no conozco ni he escuchado hablar
de cualquier otro dios

que haya pasado por lo que nosotros

mi matria
mi madre

                    *

Lo siento, general Martínez,
pero no morimos todos en 1932.

the montañas of your breasts
your shoulders the boulders gods heaved

from your chest   your legs
the red horizon the gods split

apart & called kingdom
it is your womb   they claim as nation

it is you   we find everyday
your butchered feet   sticking out of black bags

your tattooed hands resurrecting
from rivers   an endless stream

of ants born between your
daughters' thighs   i do not know

of any other gods who know
what we been through

mi matria
my mother

    *

Sorry, general Martínez,
but we didn't all die in 1932.

Our blood spilt insists
Mama was once a maya-nawat

demi-diosa, one of the many
hijas tercas de Sipakti

Nuestra sangre derramada insiste en el hecho
de que mamá fue alguna vez maya-nawat

semidiosa   una de las muchas
hijas tercas de Sipakti Talteguyu.***

Eso puede saberlo por la manera en que la tierra
florece y cobra vida al saludarla.

Puede darse cuenta por la forma
en que los hombres la han destrozado.

Oh, madre mía, puede que hayamos perdido
nuestras lenguas, puede que hayan cortado un país

de tu pantorrilla y te hayan forzado
a correr. Hemos olvidado

nuestros antiguos nombres. Nada tenemos
para reclamar como nuestro. Pero mamá,

en mis sueños vuelvo a reconstruirte,
niño solitario con el rompecabezas de una madre.

Te entrego mangos como ojos
y bajan lágrimas pegajosas por tu piel.

Pares de piernas laceradas se agitan desde la cintura
y corren como pollos sin cabeza

hacia las calles desconcertadas.
Quiero revertir el pasado.

*** "Talteguyu" es como se dice "dueño de la tierra" y es la versión nawat del nahuatl "Tlaltecuhtli"; otro nombre de Cipactli, la dios(a) mexica.

Talteguyu.*** You can tell
by the way the earth blossoms

to greet her. You can tell
by the way men have torn her

apart. O, Mama, we may have lost
our tongues. They may have

cut a country from your calf
& forced you to run. We have forgotten

our old names. We have nothing
to claim as ours. But Mama,

in my dreams,
I tie you back together, lonely

child with his jigsaw
of a mother. I feed you mangos

for eyes & you weep sticky
down stitches. Pairs of lacerated legs

wiggle from waists & run
headless as chickens

into the bewildered streets.
I want to reverse the past.

I want to doctor the continents,
Pangaea your panza.

*** "Talteguyu" is nawat for "earth-lord" and the nawat
iteration of the nahuatl "Tlaltecuhtli," another name for the
mexica god(dess) Cipactli.

Quiero curar los continentes,
convertir tu panza en pangea.

Busco tus huesos desaparecidos
en dondequiera que pueda encontrarlos:

en la boca de una cueva sibilante
llena de murciélagos y pulgas,

un cráneo sonriendo desde lo alto
como lo hacen los cactus en el desierto.

Nuestra dinastía no conoce
de espejos intactos.

Veo mi reflejo en el agua de un río
y encuentro peces sin rostro.

Nada conmigo hasta un lugar
en que los pescadores

no puedan encontrarnos,
hasta un lugar en que ya no nos distraigan

las contorsiones de sus gusanos,
en el que deje de creer que soy la respuesta

a la pregunta al final
de sus anzuelos.

I search for your disappeared bones
wherever I can find them:

in the mouth of a cave
hissing with bats and fleas,

a skull smiling high as cacti
pines in the desert. Our dynasty

knows no unbroken mirrors.
I see my reflection

in a river & find faceless
fish. Swim with me

to somewhere fishermen
can't find us,

where we are no longer
distracted by their bobbing worms,

where I no longer believe
I am the answer

to the question at the end
of their hooks.

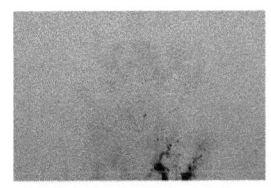

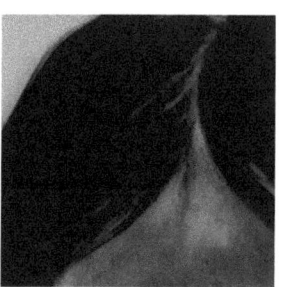

SURVIVAL STORY
UNA HISTORIA DE SOBREVIVENCIA

Mis manos caerán como caen las flores...
Irá por un hacha,
cortará mis brazos.
Nacerán nuevos...

Elena Salamanca, "Sobre el mito de Santa Tecla"

Una historia de sobrevivencia

Para calentar su leche, mis tías solían dejar las pachas de mamá al sol.
Cuando tenía un año y medio de edad, la abuela Tina perdió la fe

en aquella niña a la que ninguna cura apaciguaba, en esos huesos
reacios a acumular siquiera un poco de grasa. Un niño gateará

hacia su propia muerte si se le permite, atragantándose con huesos
de cereza o persiguiendo hormigas negras hasta media calle.

Nada hace el amor por la boca ingrata que devuelve todo lo que le
ha dado la tierra. Nada hace el amor por detener la nula consideración

de nuestra hambre, dispuesta a hacernos devorar cualquier veneno,
para evitarnos ver su propio rostro. Pero mamá no murió aunque debió

haberlo hecho, aún cuando no tuvo que dar nunca su primer paso.
Nació en mi bisabuela salvar a aquella niña demasiado débil para llorar,

con la boca apestando a leche muerta y gipsófila.
Eso hizo de mi bisabuela: el primer ángel de mamá.

Y construyó así, el primer relato de su mitología.

Survival Story

To warm her milk, my tías would leave Mama's pachas
in the sun. At one and a half years old, Abuela Tina lost faith

in the child no cure could calm, in the bones
unwilling to hold any pocket of fat. An infant will crawl

to their own death if you let them, choking on cherry pits,
chasing black ants into the road. Love does nothing

for the ungrateful mouth returning all it is given
to the dirt. Love does nothing to stop the recklessness

of our hunger, willing to devour any poison to keep
from seeing its own face. But Mama didn't die, even though

she should have, even though she should not have
taken her first step. It took mi bisabuela to rescue the child

too weak to weep, the mouth reeking of dead milk & baby
breath. That makes bisabuela Mama's first angel.

That makes this the first story in Mama's mythology.

Oración para la abuela

he escuchado las leyendas
de la mujer que sacrificó   tres cerdos
antes del amanecer   los tenía destazados
y empacados al alba   chicharrón para las ocho
fritada a las diez y pupusas a las cinco
sin embargo nadie sabe qué tan duro trabajaste
Abuela   estuviste cerca de dar tu propia vida
por salvar a tus hijos   si tan solo la enfermedad
fuera un cerdo   que pudieras amarrar por las patas
Si tan sólo pudieras colgarla de un árbol y cortarle
el cuello para callar sus chillidos   Mamá no podía
ni caminar   por poco muere envenenada
por el calor de tu leche   cuando mi bisabuela
trató de arrebatarte a tu niña   tú casi lo impides
no hay nada que puedas hacer   dijiste mientras mecía
el cuerpo inerte de mamá y movía de un lado
al otro su cabeza   *si tu hija muere*   te dijo
la enterraremos pero si sobrevive será mía
¿qué tan desesperada estabas
cuando la dejaste llevarse a mamá?
si hubiera muerto, ¿cómo habrías superado
la desesperación? dime de dónde
sacó la fuerza para volver
de entre los muertos
y ¿qué fue lo que hiciste
cuando ya no podías
ver su rostro una vez más?

Prayer to Abuela

                i have heard the legends
of the woman who slaughtered three
pigs before sunrise   had them butchered
and packaged by dawn   chicharrón by eight
fritada by ten y pupusas by five
yet nobody knows how hard you worked
Abuela   you almost killed yourself
to save your children   if only illness
was a pig you could tie by its legs
if only you could hang illness
from a tree and slit its throat to stop
its squealing   Mama couldn't even walk
she almost passed   poisoned
by the warmth of your milk
when mi bisabuela tried to take the child
you almost did not let her
there's nothing you can do   you said
as she rocked Mama and shook
her head   *if your daughter dies*
she told you   *we will bury her*
but if she survives   *she will be mine*
¿how desperate were you
when you let her take Mama away?
if she died ¿how would you have
overcome the despair? tell me where
she drew the strength
to come back from the dead
¿what did you do
when you could no longer
see her face?

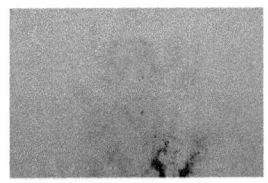

Desvanecimiento con vacas, un interrogatorio y un asesinato

Cuatro horas después las lenguas de las vacas siguen moradas,
lamiendo el rostro de un bebé.

O más bien lo que alguna vez fue un rostro,
hoy un tazón para el hambre de la carroña.

El cabello de una mujer es un mechón de hierba negra.
Ella alimenta a la manada con su hígado sobre la palma abierta.

Una vez, tras observar a sus hermanas mayores
sacrificar gallos al amanecer, mamá se preguntó

qué vería si se quitara su propia piel, qué tipo
de instrumento harían con su brazo o qué sopa

podrían preparar con la canción en sus pechos
y ahora, a sus diez años, ella conoce,

observando la caótica orquesta que tararea
dentro del torso de esta mujer,

el lento mugido de moscas y abejas
mientras se dan un festín,

el golpeteo resbaladizo de lenguas besando las heridas
como si se despidieran de los muertos.

*

La abuela le dijo a la policía
todo lo que sabía:

Blackout with Cows, an Interrogation, and a Murder

Four hours later and the cows' tongues
are still purple, licking the baby's face.

Or rather, what once was a face, the skull
now a bowl for a scavenger's hunger.

A woman's hair is a black tuft of grass.
She feeds the herd her liver from an outstretched

palm. Once, after watching older sisters
slaughter roosters at dawn, Mama wondered

what she would see if she pulled back
her own skin, what drumstick

they could make of her arm, what soup
from the song in her breasts.

And now, ten-years-old, she knows,
staring deep into the chaotic orchestra humming

inside this woman's torso, the slow
moo of flies and bees as they feast, the slick

slaps of the tongues kissing the wounds,
as if bidding farewell to the dead.

    *

Abuela told the police officers everything
she knew:

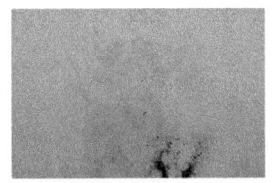

Sólo habíamos ido ahí
a comprar leche para hacer queso y quesadillas.

Mi hija fue la primera en darse cuenta
del olor.

Encontramos a don Ricardo
gimiendo en el granero. Lo hicieron los Gutiérrez.

Él no dio trabajo a sus hijos,
                        así que masacraron

a toda su familia.   A él lo dieron por muerto
        con dos balas en el pecho.

                        Él me pidió
que le contara lo ocurrido a mi marido. Le dije que Felipe estaba crudo.

*Nadie más sabe en qué lugar de Chalatenango
encontrar a mi familia,* me dijo.

Esas fueron sus últimas palabras.

        *

Tal vez esa fue la razón por la que comencé a desvanecerme,
dice mamá mientras su hamaca se balancea
                        rozando el suelo,
como un carruaje. En su peor punto perdería
días enteros
        sin hacer nada, mirando fijamente
aquello que no recuerda.
                        *Vi tanto
durante la guerra, mijo: jovencitas violadas*

        We were dropping by
to buy milk for cheese and quesadillas.

My daughter was the first to notice
the smell.

      We found don Ricardo
moaning in the barn. Los Gutiérrez did it.

He didn't give their sons jobs,
               so they slaughtered

his family.   Left him for dead
     two bullets in the chest.

              He told me
to tell mi marido. I told him Felipe was hungover.

No one else knows where in Chalatenango
to find my family, he said.

        Those were his final words.

     *

Maybe that was the reason I would blackout,
Mama tells me, her hammock
            swinging low
as a chariot. At her worst, she would lose
entire days
      doing nothing, staring at what
she doesn't remember.
          I saw so much
during the war, mijo.   *Jovencitas raped*

mientras yo me escondía en la copa de un árbol;
                    hombres destripados
mientras me ocultaba en los arbustos.

Sin embargo, la amnesia de mamá no comenzó
sino hasta décadas más tarde, después de que papi la engañara.

¿No es terrible que el alma elija qué penas conservar?
Hay dolores que son como manadas de lobos, que logran

que el alma que huye de ellas logre superar su terror;
así fue cómo la guerra hizo parecer invencible

a mi madre. A la mierda una montaña, su fe era capaz de mover
una frontera, era capaz de fregar el piso de una mujer blanca

hasta poder traer a su lado a sus hermanos y hermanas.
Hay penas que son como víboras, que se enroscan

en tus tobillos, tus brazos, tus piernas,
hasta que tus manos se confunden

con cabezas de serpiente, tanto que lo que tocan
lo envenenan, como las infidelidades de papi que rompieron

a mamá de un modo en que la violencia de la guerra no pudo,
esas que hacían al dolor sacar su lengua morada

y lamer su rostro por horas hasta hacerlo desaparecer.
Hay sobrevivientes de tortura

que aseguran que la traición y el desamor son peores
que lo que les hizo el ejército.

while I hid up a tree.
                    Men gutted while I hid
                                in the bushes.

But, of course, Mama didn't begin to blackout
until decades later, after Papi cheated on her.

¿Isn't it awful what griefs the soul chooses
to survive? There are griefs like packs of wolves

where your soul outruns your terror. The way
the war seemed to make Mama invincible.

Fuck a mountain. Her faith could move a border,
could scrub a white woman's floor

until she could bring her brothers and sisters
with her. There are griefs like snakes

around your ankles, your arms, your legs
until your hands confuse themselves

for snakeheads & leave everything
they grasp ill from their touch.

The way Papi's philandering broke Mama
where the violence of war could not,

the way her grief would draw its purple tongue
over her face for hours until it erased

her face. There are torture survivors
who claim betrayal and heartbreak are worse

Y yo sigo sin entender la artillería
en mi lengua y la manera en que mis labios

pueden convertirse en un despiadado sargento
o cómo terminé con un ejército de hombres detrás de mí,

listos para justificar cada amor que traicioné
con el puro terror de su presencia,

mi corazón confundido
enfermo de poder.

than what the army did to them.
And I still do not understand the artillery

in my tongue, how my lips can be a lawless
sergeant, how I ended up with an army of men

standing behind me, ready to justify
each love I betrayed with the sheer terror

of their presence, my confused heart
stupid with power.

Nueve con mochila

Y una mueca rencorosa,
      mamá sabe que no debe quedarse en cualquier lado,
            pues los hombres no creen en las estrellas.
      Tal vez estén ciegos de tanto mirar directamente
al sol. Tal vez vienen de un idioma sin palabras
      para describir *la luz.*
No importa.   Amarró un único par
de trapos a su espalda y dijo *me voy.*
Anoche el abuelo la llamó
      una indita fea y flaca
          y despertó de madrugada dos veces a la abuela Tina
              para discutir si aquella niña era suya.
      A la mañana siguiente trató de retractarse
      como si sus mentiras pudieran limpiar
      el lodo embarrado sobre el rostro de mamá.
      Ella ha tenido muchos hombres ingratos
         que le rogaron que no los dejara.
No hay nada nuevo.
Tarde o temprano, incluso este país
tocará su remordimiento de la misma forma
         en que se saca una espina de pescado
      de la boca de un niño que se ahoga.

      ¿Cuál país? Cualquiera. Llama a mamá
mi matria, porque ninguna tierra ha sido jamás
      patria para mí.   Soy ciudadano de su regazo
       y si me preguntan qué llevo en la mochila,
     sepan que es un hambre más picante que su salsa.
Mamá una vez se comió un país construido por los dioses.
         ¿Quieres saber qué puedo llevarme yo a la boca?

Nine with a Knapsack

& a spiteful overbite,
   Mama know not to stay anywhere
      men don't believe in the stars.
   Maybe they blind from staring straight
into the sun. Maybe they come from
      a language with no words
for *light*.   No matter.   She tied a single
   pair of clothes to her back & told
fam peace.   Yesternight, Abuelo called her
   una indita fea y flaca.
      He poked Abuela Tina twice
awake to argue whether the child was even
      his. Next morn, he tried to take it
   all back, as if his lying could clean
      the dirt rubbed over Mama's face.
   Mama been had ungrateful men,
       begging her not to leave.
Ain't nothing new.

Sooner or later, even this country
   will finger its remorse
      the way you finger a fishbone
out the mouth of your choking child.
   ¿Cuál country? Cualquiera. Call Mama
my motherland because no land ever been
   matria to me. I am citizen of her hearth.
      If they ask what I got in my bag,
   know it's a hunger hotter than your sauce.
Mama once ate a country built by gods.
     ¿Wanna find out what I can fit in my mouth?

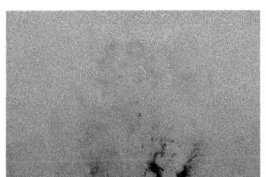

43

El hombre machete

La tía Tere me dijo que su nombre
    verdadero era Daniel, sus ojos como
        las boquitas mojadas de botellas
            cristales, su rostro una *Pilsener*

helada con un costado agrietado.
    Daniel, una mano amputada, mitad
        de una oración callada en su puño.
            Daniel, un pie sangrante corriendo

hacia ninguna parte por sí mismo,
    Daniel, que partió Usulután con el filo
        de su machete: repartió sus pedazos, cabezas,
            manos, brazos, en todas las direcciones,

estatuas votivas rotas para un dios
    sediento. Cuyos cascos de caballo
        hacen eco del derramamiento
            de entrañas con un corte de su espada.

Quien dejó a la policía con extremidades
    ensangrentadas por recoger y sin licor
        para enterrarlas, Daniel, mejor conocido
            por los lugareños como El Hombre Machete.

¿De qué otra forma llamas a un hijo de puta
    que despedaza a hombres, mujeres y niños
        por las escasas monedas de sus bolsillos,
            cabeza por cerveza y viceversa?

Todos saben que se debe huir de un cabrón
    con un apodo así de feo— todos excepto

El Hombre Machete

Tía Tere told me his real name
    was Daniel. Ojos como las boquitas
        mojadas de botellas cristales. Face,
            a chilled Pilsner with a cracked side.

Daniel, una mano amputada, mitad
    de una oración callado en su puño.
        Daniel, a bloody foot running nowhere
            by itself. Daniel, who split Usulután

into myriad directions with the slash
    of his machete: arm, leg, leg, arm, head,
        broken votive statues to a thirsty god.
            Whose horse hooves echo the gut-spill

smack of his blade. Who left police
    with slippery limbs to gather and no
        liquor to bury them. Daniel, better
            known by locals as El Hombre Machete.

¿What else do you call a motherfucker
    who hacks apart men, women, and children,
        for the nickel-and-dime of their pockets,
            cabeza por cerveza and vice versa?

Everyone knows to run away from a mofo
    with a name that ugly—everyone except
        for my Tía, of course. *¡No te creas héroe,*
            niña estúpida! cried abuelita in chorus

with all the other rational people.
    Naw. While mamas seized their babies

mi tía, por supuesto. *¡No te creás héroe,*
niña estúpida!, gritó mi abuelita en coro

junto con todas las personas racionales.
Nah. Mientras las mujeres huían tomando
a sus niños y hombres hechos y derechos
corrían dejándose los huevos en sus mesas

la niña Tere mantenía la suya puesta.
Una simple adolescente campesina y cocinera,
una David mujer en contra de un mini Goliat
salvadoreño y no era de las que iban a permitir

que un psicópata asesino con machete
cortara en pedacitos a su familia y los hiciera
chicharrones. *¿Sabés quién putas soy?*,
le preguntó a ella, ojos relucientes

como cuchillo afilado. Por supuesto,
mi tía lo miró dos veces de reojo
y sin importarle nada le escupió
un *¡me vale verga!* sin inmutarse,

incluso mientras él enloquecido
declaraba, *¡Soy el diablo!* con el sangriento
machete en la mano, la cara retorcida
en medio de una risa satánica.

Nah, la niña Tere se rió
porque ya había visto al diablo antes
y no era él. Así que él balanceó
su machete contra la mesa en señal

de advertencia y en ella quedó atorado.
Mi tía sin dudarlo sacó del fuego

and grown men ran and left their huevos
at their tables, Niña Tere held her mesas

down, just a teenage campesina y cocinera,
a female David against a mini Salvadoreño
Goliath, and she wasn't 'bout to let some
crazy machete-wielding psycho-killer

chop her family into chicharrones.
¿Sabes quién putas soy? he asked her,
eyes squinting like a blade. Of course,
my Tía gave him a side-eye twice

as sharp and spat *¡me vale*
verga! She ain't move, not even
as he declared, *¡Soy el Diablo!*
and pulled out the gory machete,

face twisted with satanic laughter.
Naw. Niña Tere laughed along cuz
she been seen the devil already
and he ain't him. So he swung

his machete, a warning strike at the table
and got it stuck. My Tía didn't hesitate.
Behind her back, she pulled a seething
red poker from the fire and stabbed

ese carajo in the throat. Said he shrieked
like a butchered sow and fled, leaving
behind his machete, staggering back
to his horse, never to be heard of again.

Tía Tere tells me all this as I help her
prepare hojas de guineo for Christmas

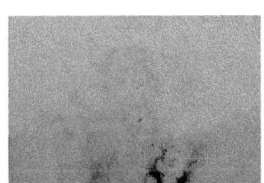

a sus espaldas un atizador al rojo vivo
y atravesó con él la garganta de ese cabrón.

Me contó que chilló como puerca
en matadero, huyó dejando tras
de sí su machete y subió tambaleando,
a su caballo, y nunca más se volvió a saber de él.

La tía Tere me cuenta todo esto
mientras le ayudo a preparar
las hojas de guineo para
los tamales navideños, mi castigo

por arrancarles los brazos y las piernas
a las muñecas Barbie de mi hermana.
Y su mano aterriza pesada en mi mejilla
mientras permanece sentada tarareando himnos,

con ese ímpetu que ni siquiera
su diabetes le pudo arrebatar.
Le pregunto si es una asesina
y me responde con su retorcida

sonrisa de viejita que volvería
a hacer lo que hizo a cualquier
hombre que actúe
como si el mundo fuera suyo.

tamales, my punishment for snapping
the limbs off my sister's Barbie dolls.

Her hand a heavy smack across
my cheek as she sits, humming
softly to himnos, with legs not even
her diabetes could take from her.

I ask her if she's a murderer. Smiling
a crooked viejita smile, she tells me,
she would do it again to any man
who acts like he owns this world.

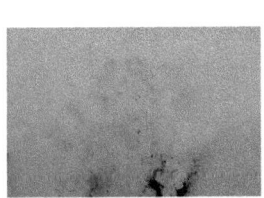

¿Quieres conocer a los hombres de mi familia?

Crecí rodeado de sobrevivientes silenciosos —violaciones, guerras,
tú dime— mujeres que llevaron pueblos enteros a Estados Unidos

sólo con el salario mínimo. Algunos le llaman a eso "doble turno"
—la manera en que nuestras madres criaban niños trabajando el doble

y preparando de cenar a hombres sarnosos y borrachos por la cerveza
barata—pero es más que eso. Provenimos de muchachos obligados

a esconderse de los militares, y después de las maras, perdidos
en el encierro incontables días e infinitas noches durmiendo

sobre los tejados, pequeños como frijoles escondidos en barriles,
imposibilitados de mostrarse en público por miedo a ser secuestrados

de sus hogares para ser enviados al frente. En esas circunstancias
las mujeres deben tomar el mando porque hay hombres que no pueden

trabajar, a menos que eso signifique ir a la guerra. Hay hombres
que castran a otros por negarse a tomar las armas.

¿Entiendes lo que eso es capaz de hacerte? Un primo nos contó
una vez de un hombre en el parque quien le preguntó dócilmente

si podía sostener en brazos a su pequeña hija y se echó a llorar
mientras lo hacía. *Lo siento*, dijo, *me obligaron a hacerlo*. Mi primo

abrazó con fuerza a lo que quedaba de ese hombre y le dijo *olvídelo ya,*
lo que está hecho hecho está; trate de disfrutar los años que le quedan.

Entonces la niña gritó como si supiera lo que había hecho aquel hombre.
Él conocía perfectamente el sonido de ese llanto.

¿Do you want to meet the men in my family?

I grew up surrounded by silent survivors—rape, warfare,
you name it—women who carried entire villages

stateside on minimum wage. Some call it double labor
—the way our mothers raised children working

doubles & cooking dinners for mangy men piss-drunk
on cheap beer—but it's more than that.

We come from boys forced into hiding from militares,
then maras, endless days lost locked in rooms, infinite

nights asleep on rooftops, small as beans hidden in barrels,
forbidden from going into public for fear of being taken

from home & put on the frontline. Women must take the lead.
There are men who cannot work unless work means war.

There are men who castrate other men for refusing to take arms.
¿Do you understand what that does to you?

A primo once told us of a man in the park who asked meekly
if he could hold his baby girl in his arms. He broke down crying

as he held her. *I'm sorry,* he said. *They made me do it.* My cousin embraced
this massacre of a man in his arms and told him, *forget about it now.*

What is done is done. Enjoy the life you have left in you. The child screamed
like she knew what he did. The man knew the sound of that cry.

Los brazos de mamá

luchan entre sí hasta la muerte

latigando   soldando   —descorchan:

las muñecas de ojos negros se transforman y silban en barriles

omóplatos empuñadura de pistola en manos militantes

balas derramándose ebrias de revistas de hueso

las pieles con su brillo metálico

los soldados esposan brazos detrás de las espaldas, armas de fuego

contra el azul claro

en el que caen a medio nacer

como advertencias

esos brazos vueltos armas son el motivo

por el que mis tías se escondieron

en barriles de frijol y dieron

al abuelo por muerto en las calles

el motivo por el cual

el tío Toño dormía en los tejados

mientras los soldados tiraban puertas a medianoche

lo que explica el porqué mamá

se hizo la muerta

cuando dos soldados detuvieron ese autobús y preguntaron dónde estaban ellas

Mama's Arms

fight one another to the death

whipping   welding   —they corkscrew:

black-eyed wrists morph and hiss into barrels

shoulder blades pistol grip into militant hands

bullets spill drunk from bony magazines

skins glow metallic

soldiers cuff arms behind backs, fire arms

into the baby blue

where they fall half-born

as warnings

arms are   why   my tías hid in barriles de frijol and left

abuelo for dead in the streets

why

tío toño slept on rooftops   as soldiers beat down the doors at midnight   why

Mama played dead

when two soldiers stepped on the bus and asked where they were

—las comunistas—

and an arm pointed at her

red basket of fruit

—las comunistas—

y un brazo señaló

cortando el aire como una bandera

su roja canasta de frutas

inditas

sobre tres campesinas

pobres

como cualquiera

los soldados se echan los fusiles a la espalda antes de irse

y mamá vuelve a la vida

que a ella le correspondía

que se tragaron el plomo

entre las dos muchachas muertas

arrastrándose

sus brazos raíces a medio resucitar

su cuerpo un Lázaro salvaje

multiplicándose

fuera de la tierra en busca de venganza

las que hicieron que las panzas de mis primos

desaparecieran como autobuses

fueron armas

por los caminos de tierra

lo que hizo que tuvieran que huir del país

lo que hace

de la deportación una sentencia de muerte

ya no conocemos

nuestro Salvador

soldiers sling arms over their back

and tore the air like a flag   over tres campesinas   inditas   pobres   como cualquiera

and Mama chokes back to life   beside the two dead girls

meant for her   her body a savage Lazarus   her arms crawling   who swallowed bullets

out of the earth for vengeance   multiplying

arms are

why   mis primos' bellies

disappear like buses   down dirt roads

why   they had to flee the country   why   deportation is a death sentence

y   ya no conocemos   nuestro Salvador

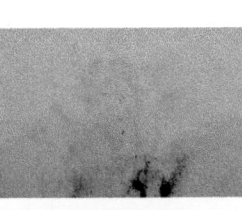

*

Mamá tierra, debes saber que estos no son tus brazos. Tus brazos no están hechos de metal. Tus brazos no vienen de los Estados Unidos, ni te los dieron los soviéticos. Tus brazos no son de ARENA o comunistas. No conocen la palabra *revolución*. Tus brazos no pertenecen a la mara o son dieciocho. No son propiedad de ninguna pandilla o partido. Tus brazos son los de mi madre, los que me enseñaron a doblar los míos en oración y dar gracias a Dios por otro día más de vida. Por los alimentos. Son los mismos que me arrullaron como una bomba, mi negro cabello mojado un fusible que te negaste a apagar. Los tuyos, son los mismos brazos que me abrazan y me ruegan regresar a nuestro Salvador. Orando. Sacudiéndome para despertar de mis pesadillas. *Despiértate, mijo, despiértate.*

Mama tierra, I need to know these are not your arms. Your arms are not made of metal. Your arms do not come from the United States or the Soviets. Your arms are not ARENA or communist. They do not know the word *revolución*. Your arms are not mará ó dieciocho. They do not belong to pandia ó partido. Your arms are my mother's. The ones that taught me how to fold mine in prayer. A dar gracias a Díos. Por otro dia de vida. Por los alimentos. The same ones that cradled me como una bomba, my wet black hair a fuse you refused to put out. The same arms that beg me to return to our Salvador. Praying. Shaking me awake from nightmares. *Despiertaté, mijo. Wake up.*

*

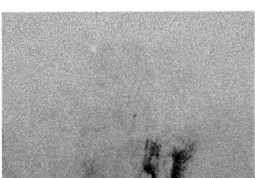

Oración para el abuelo

Cuando por fin llegue la revolución,
                abuelo, la mañana
se ocultará, como un pelotón de infantería, detrás de las colinas.
                Los grillos mastican un himno
                a tu alrededor, tus hijos duermen
a través de la noche descarnada   echados de panza como vacas.
    Conocen el camino   el sol corre,
    sus manos húmedas   alrededor del cuello y la milpa,
    muerden la piel   antes de ocuparse de tus heridas,

pero tú aún los llamas niños y ellos se envuelven y acurrucan
      el uno contra el otro protegiéndose de los fantasmas y los sueños

Entonces él te encuentra,   camarada,
    pistolita en su cintura
    y cigarrillo en su boca,   eres demasiado viejo
    para ir a pelear así que   te pide que le des a tus hijos.

Recordando a tu madre dices *no,*
          somos cristianos y aquí nos quedamos
sin meternos en nada. Entonces tu cuello se dobla como una palmera

     árbol a merced del viento
     mientras te jala
     tan cerca de él que puedes ver
     los hilos de saliva
     extendiéndose en su boca
     y rompiendo en sus dientes
     mientras susurra—*vete de aquí,*

Prayer to Abuelo

when the revolution finally comes,

      abuelo, the morning

hides, like an infantry, behind the hills.

     crickets gnaw a hymn

     around you, your children sleep

through the bony night,   cow-like on bellies.

   they know the way   the sun runs

   its hands wet   around the neck & la milpa

   bites the skin before   nursing you

but you still name them children. they still wrap & mold one

   another for comfort   from ghosts & dreams.

when he finds you,   camarada,

   pistolita en su cintura

   y cigarillo en su boca, you are too old

   to fight so instead he asks for your children.

remembering your mother, you say, *no,*

      somos cristianos & we stay

uninvolved. your neck bends like a palm

   tree in the wind

   as he pulls you

   by the collar

   so close you see

   saliva stretch

   crooked on

   his teeth as he

   whispers—*leave,*

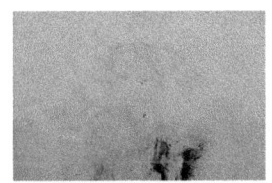

si no luchas con nosotros,

        hermano,

     entonces largo

        porque no te protegeremos

cuando vengan a violar

    a tus hijas y quemar

        tu casa hasta reducirla a cenizas con tus hijos

        atrapados en su interior.

    *

Detrás de ti, se encuentra mi madre
tímida y fina como la luz de la luna,

y con quince años de ser una niña

despierta por el escándalo, sus ojos
oscurecidos como el agua de un río lleno de sangre.

Te detienes un momento a observarla

y al hogar que jamás abandonó
y que toda la vida ha conocido, entonces le dices:

despierta a los demás, tenemos que irnos.

    *

Si alguna vez vuelve ese momento, abuelo,
en que tengamos que abandonarlo todo para conservar

lo que no podemos dejar atrás, le pido al fuego,

if you don't fight with us,
                    hermano,
            then leave.
                    because we won't protect you

when they come to rape
        your daughters and burn
                your house down with your sons
                        trapped inside its doors.

                *

behind you, my mother stands
thin and shy as moonlight,

fifteen years of girlhood

awoken by the uproar, her eyes
clouded as blood in water.

you look at my mother

the home she has never left
& always known. you tell her,

wake the others, we need to go.

                *

if the time ever comes, again, abuelo,
to abandon all else for what we cannot

leave behind, i pray for fire, for everything

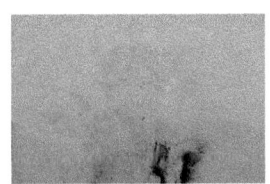

que haga arder todo y el humo sea suficiente
para sofocar la vista de aquello que una vez amé y abandoné

por si fuera lo suficientemente tonto como para mirar atrás.

to burn, for enough smoke to smother
the sight of what i once loved and deserted

if ever i am fool enough to look back.

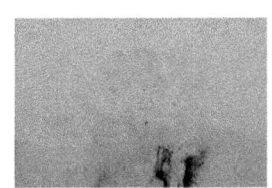

Mateo 25:40

Botella y guitarra en mano, así fue la última vez
que vi a don Felipe a estas horas de la noche, cantando
romances como un Leo Dan de la selva, una nueva muchacha
en su melodía cada cinco minutos. Incluso al cantar hacía que cayeran
los manguitos de los árboles, el jodido. Habíamos tenido guerra antes,
sí, pero sólo recibían tiros uno o dos metidos. Eso no era guerra.
No era esta mañana y las dos cabezas puestas en palos
a unos pocos pasos de la escuela. Qué bárbaro, qué vergüenza, este país
en que los pobres ni siquiera pueden morir de hambre en paz,
pero dejen que les cuente: don Felipe, este hijueputa, vino a mi puerta
a medianoche. Un solo paso en falso y le habría disparado. No puedo
confiar en nadie que se mueva por la oscuridad en estos tiempos.
Le hubiera disparado a mi propia madre si ella anduviera por allí
como él andaba. Lo primero que hago es decirle que ya estaba mayor
y que era demasiado peligroso para él vivir así. Es entonces que vi
el tren de niños que avanzaba detrás de él, cada uno de sus ojos
una velita anaranjada parpadeando bajo la luna. Los bichitos
revelando su ceño fruncido. Y esas jovencitas adolescentes
temblando en jeans. ¡En jeans, carajo! El hombre sabía
en lo que se estaba metiendo. La mirada en el rostro de doña Tina
—recuerdas a esa perra dura, verdad, hombre —Sólo digamos
que no hubo nada que yo pudiera hacer al respecto. Su hija mayor
se negó a darles posada, me dijo, aún con todas las hectáreas
de tierra y todo eso. No hay nada que yo pueda hacer, le respondí,
no hay espacio para nueve niños y menos cuando mi propia familia
come sólo tortillitas con frijolitos cada mañana. ¿Usted cree
que los militares no me perseguirán si doy asilo a una horda
de comunistas? ¿Cree usted que a los militares les importa si son
o no comunistas de verdad? don Felipe, lo entendió y doña Tina
también. Vayan a donde están las palmeras, les dije. Ahí encontrarán
un campo con palitos de ajonjolí, unas flores esparcidas.
Pueden tener el terrenito, pero no le digan a nadie

Matthew 25:40

Botella y guitarra en mano, that's the last time
I saw don Felipe this late at night, cantando
romances como un Leo Dan de la selva, a new girl
in his melody cada cinco minutos. He even sang
mangitos off the trees, el jodido. Before we had war,
but only one or two metidos would get shot.
No era guerra. It was not this morning, the two heads
forked less than a mile from the school. Qué barbaro.
Qué verguenza. This country where the poor
can't even starve in peace. Let me tell you about it.
don Felipe, este hijueputa, he came to mi puerta
medianoche. One wrong step and I would've shot
him. Can't trust anything that moves in the dark
these days. I would've shot my own mother
if she crept around like that. First thing I do is
tell him, he's too old, it's too dangerous to be living
like this. That's when I see his sad train of children
behind him, each eye una velita anaranjada
flickering beneath moon. The little bichos
giving me their best impressions of men, scowl
foul on their faces. These teenage jovencitas
trembling in jeans. ¡In jeans, carajo! The man
knew what he was messing with. The look
on doña Tina's face—you remember that hard bitch
right, hombre—lets just say there's nothing
I could do. Her eldest daughter refused
to give them posada, she told me. Even with acres
of land and all. There's nothing I can do, I told him.
No one has space for nine children, not when
my own family eats only tortillitas con frijolitos
every morning. ¿You think the military wouldn't come
after me if I host a horde of communists? ¿You think

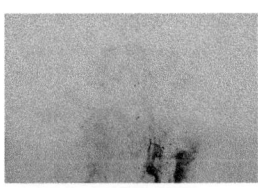

que era mío. No tengo azadones ni arados para darles pero aquí está nuestro desayuno de frijolitos. Por favor no me traicione, Felipe, por favor no vuelva por aquí.

El compadre del abuelo Felipe

the military cares if you're not actually communists?
don Felipe, he understood. doña Tina también.
Go to the palm trees, I told them. You'll find
a field with palitos de ajonjolí, unas flores scattered.
You can have it. The terrenito. Don't tell anyone
it was mine. I don't have hoes or plows to give
you, but here's our desayuno de frijolitos. Please
don't betray me, Felipe. Please don't come back.

El compadre del abuelo Felipe

Después de perder San Agustín, después de encontrar el izote

Recibimos cada uno un puñado de frijolitos antes del amanecer, cada uno de acuerdo al tamaño de sus palmas, y como dios me maldijo con estas manos tan pequeñas sólo pude comer un bocado antes de que me entrara el mareo. El hombre nos dio la tierra donde el monte es como la barba de un joven, irregular y desarreglada. Una pequeña familia de plantas de ajonjolí. Halcones surcando en la distancia. Entonces trabaja. Los hombres cortan los árboles para construir una choza, así al anochecer, si no tenemos nada, nos tenemos unos a otros. Tenemos una cama hecha con hojas de maíz y la alegría que se siente cuando acaba el dolor, la primera bocanada de aire después de minutos bajo el agua. Nosotras las mujeres desmalezamos los campos, barremos la tierra hasta hacer un piso. Encontramos piedras y leña para hacer una cocina. Más tarde buscamos algo para comer. No encontramos gran cosa, pero sí esto: flores de izote creciendo como pequeñas banderas blancas. Mami nos dice que las flores de izote no requieren de sus raíces para sobrevivir. Puedes cortarla en cualquier punto y seguirá creciendo. Dulces a excepción de sus centros, que son amargos, pero abundantes. Mami se pone una flor en el cabello y Papi se la come por detrás de su oreja. Esta sopa es agüita más que nada, pero nos calienta.

Mamá, 15 años

After Losing San Agustín, After Finding Izote

We each received a handful of frijolitos before dawn, each according to
the size of their palms, and since god cursed me with these little hands,
all I got was one bite before the dizzy hit. The man gave us the field
where the monte is like the beard of a young man, shabby and uneven.
A small family of ajonjolí. Hawks diving in the distance. Then, work.
The men, they cut the trees to make a shack, so by night, if we have
nothing, we have each other. We have a bed made of corn husks and the
joy you feel when the hurt is over, the first breath of air after minutes
underwater. The women, we weed the fields, sweep the earth to make
a floor. We find leña and stones to make a stove. Later, we search for
anything to eat. We didn't find much but we found this: flores de izote
growing like small white flags. Mami tells us izote doesn't need her
roots to survive. You can cut her at any point and she will keep growing.
Sweet except for their centers. They are bitter, but filling. Mami dresses
a flower in her hair, and Papi eats it behind her ear. This soup is mostly
aguita, but it warms us.

Mama, 15

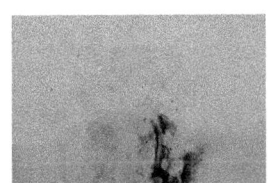

Marcos 6:41-42

Mami cree que puede hablar bajo, pero no. Todos escuchamos cuando le pregunta a Papi cómo vamos a comer mañana. No somos venados. No podemos comer flores para siempre. *Dios proveerá,* canta Papi como si estuviera borracho, *Dios proveerá,* y Mami cae dormida masticando su canto. Más nítida que mi barriga es mi culpa por tener estas manos tan grandes. Arturito se chupa el pulgar en carne viva. Los conejos buscan sobras y desaparecen en la oscuridad. Si tuviera fuerza, los agarraría de las orejas y rompería sus cráneos contra las piedras. Papi se ha ido. Sé que es mejor no hacer preguntas. Parpadeo y las estrellas se revuelven en el cielo. No somos sabios. Nuestro El Salvador no es ningún Belén. Me siento tan ligera que floto en el aire y mordisqueo las estrellas como un chimbolo. Sueño de navidad, donde las constelaciones son fragmentos de bastones de caramelo de menta, que como por pedacitos para que duren más. Me veo elevarme hasta romper la superficie. Hasta que sus anzuelos quemen juntos mis labios. Fuera del agua. Fuera del cielo.

*

De vuelta en la tierra, alguien llora o cruje el fuego. La cabaña de alguien arde en llamas o algo más se quema. *Mira lo que hizo tu papi.* El humo quema mis ojos. Mami y el cuchillo. Papi reflejado. Un olor agrio. Su pecho sangrando. Y hay peces. Peces y más peces, cortados del agua, ardiendo sobre el fuego. *Dios proveerá,* dice papi, y yo me río del chiste. La mentira de la miseria es que no podemos ser salvados. Comimos el pescado y aunque no estaba llena, encontré algo más fuerte que el hambre. Una mecha ardiendo perversa en la mirada de Papi. Una pequeña red de peces repartida entre once.

Tía Morena, 13 años

Mark 6:41-42

Mami thinks she can whisper, but she can't. We all hear her when she asks Papi how we're going to eat tomorrow. We're not venados. We can't eat flowers forever. *Dios proveerá*, Papi sings like he's drunk. *Dios proveerá*. And Mami faints asleep nibbling his canto. Sharper than my belly is my guilt for these big hands. Arturito is sucking his thumb raw. Rabbits scavenge and disappear into the dark. If I had the strength, I'd grab them by the ears and smash their skulls into rocks. Papi is gone. I know better than to ask any questions. I blink and the stars scramble in the sky. We are no wise men. Our Salvador is no Bethlehem. I am so light I float and nibble like a chimbolo at the stars. I dream of navidad, where constellations are pieces of the peppermint candy canes I broke apart so that they last longer. I watch me rise until I break the surface. Until their hooks burn together my lips. Out of the water. Out of the sky.

*

Back on earth, someone is crying or fire is crackling. Someone's shack is torched or something else is on fire. *Mira lo que hizo tu Papi.* There is smoke, and it burns my eyes awake. Mami and a knife. Papi glistening. A sour smell. His chest dripping. And there is fish. Fish and. Fish and. Fish. Cut from the water. Sizzling over the fire. *Dios proveerá,* Papi says, and I laugh at the joke. The lie of misery is that we can never be saved. We ate the fish, and I was not full. I found something stronger than hunger. A hellbent wick burning wicked in Papi's eye. A small net of fish split between eleven.

Tía Morena, 13

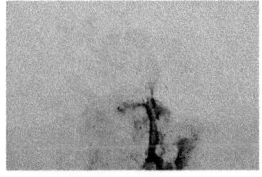

Testigo

Papi hizo agujeros en la parte superior de los barriles
para que pudiéramos respirar, pero ninguno para ver,
así que no puedo decir que vi al batallón. No puedo declarar
haber visto a los hombres ¿O eran niños?, hacer de la camisa
de papi una bandera blanca y pisotear su pecho como si apagaran
una fogata. Pero no había fuego, sólo papi, gruñendo y jurando
que no quedaba nadie en nuestra choza. Ningún hijo
que pudieran volver soldado, ni hija que pudieran convertir
en madre soltera. Así es como papi nos protegió.
Nos hizo llevar sus jeans en vez de faldas, así si los soldados
nos encontraban, seríamos más difíciles de violar.
Nos pegaba cuando le contestábamos o desobedecíamos
y nos enseñó a preparar sopitas, arroces y tamalitos,
para que un día pudiéramos ser buenas esposas. *El mundo
es injusto con las mujeres solteras,* nos dijo. Entonces aprendimos
a sufrir. Buenas hijas como éramos, lo escuchamos siempre,
incluso mientras los soldados encendían sus ruidosos motores
para volver a atropellarlo. Incluso cuando nuestros hombres
nos engañaron, una y otra vez. Papi debió haber muerto ese día.
Pero se necesitó un hombre para interponerse entre él y los soldados,
se necesitó un hombre para gritar que se detuvieran y defender su buen nombre.
En inglés, *testigo* es una traducción de *mártir,* mientras que en español
testificar implica arriesgar tu propia carne por la verdad.
El poder olvida que algunos sobrevivimos para contar la historia.
El hombre sobrevivió. Los soldados huyeron. Papi vivió, y
lentamente logramos reacomodarle las costillas en su lugar.
Durante semanas le colocamos gotas de leche tibia sobre su lengua.
La inflamación cedió. Aprendió de nuevo a caminar
Pero algunas de sus hijas todavía se ocultan en barriles
de frijol, y otras: siguen dominando el arte
de desaparecer.

    Mamá, 53 años

Witness

Papi punched holes on the top of the barrels,
so we could breathe but none to see, so I can't
say I saw the battalion. I can't say I saw the men
¿or were they boys? tear a white flag from Papi's
shirt & stomp his chest as if putting out a fire.
There was no fire, just Papi, grunting & swearing
there was no one left in our shack. No sons
to make soldiers. No daughters to make single
mothers. This is how Papi protected us.
He made us wear his jeans instead of faldas,
so if soldiers found us, we'd be harder to rape.
He beat us when we spoke back or said achís.
He taught us to cook sopitas y arroces y tamalitos,
so one day, we could be good wives. The world
is unjust to unmarried women, he said. And thus,
we learned to suffer. Good daughters, we listened,
always, even as the soldiers revved the cackling engines
to run him over again. Even when our men cheated
on us again and again. Papi should have died that day.
It took one man to stand between him and the soldiers.
It took one man to yell stop and defend his good name.
In English, *witness* is a translation of martyr. In Spanish,
testificar comes from wagering your flesh on the truth.
Power forgets some of us survive to tell the story.
The man lived. The soldiers fled. Papi lived,
and slowly, we massaged his ribs back into place.
For weeks, we put warm milk on his tongue.
The swelling stopped. He relearned how to walk.
Some of his daughters still hide in barriles
de frijol, others are mastering the art
of walking away.

    Mama, 53

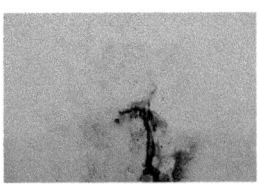

A hincarse significa arrodíllate frente a tu Creador

como una camisa vacía
crucificada y húmeda en un tendedero
mi madre
con sólo diecisiete años
tiembla y le entrega a su padre el cinturón
sabiendo que su hebilla morderá
su espalda marrón
dejando en ella la piel abierta
y moretones
del tamaño y color
de jocotes en miel
sus rodillas se doblan
como lo hicieron una semana atrás
ante su Creador
y tocan un suelo más parecido al cielo
mientras explica su conversión
a otro mandamiento y evangelio
abrazando su libro de mormón
incapaz de leer o conocer
otra cosa diferente a la verdad
que arde dentro de su cuerpo
tiembla antes de que caiga la fuerza del sol
frente a los brazos católicos de su padre
y sin embargo late en su pecho
algo que no me atrevería a llamar miedo

amor quiero que sepas
que así es mi forma de amar
si alguna vez me arrodillo ante ti
como en una oración

A hincarse means to kneel before your Maker

like a red and empty shirt
pinned wet to a clothesline
my mother
only seventeen
trembles
as she hands her father her belt
knowing its buckle will bite
the brown black
off her back and leave broken
skin and bruises
the color and size
of jocotes
en miel her knees sink
as they had done a week prior
before her Maker again
into a suelo more like cielo
as she explains her conversion
to another gospel and commandment
hugging her libro de mormón
unable to read or know
anything other than the truth
it burned through her belly
she trembles before the sun battered
arms of her catholic father
her chest beating with something
i cannot call fear

amor know this
is how i love
if ever i kneel
down before you
as if in prayer

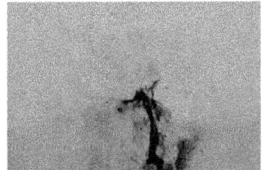

Poema en el que mamá me enseña a hacer twerk

Mi mamá tiene una nariz grande, como el pico
de un pájaro hambriento. Dientes como teclas
de un piano desafinado, tan rotos como su inglés.
Sí, posiblemente mamá no sea la gran cosa, pero

tiene culo. Las mujeres latinas, tú sabe'; la manera
en que llevan al mundo tumbao. La doble mirada
tonta de gringos y hombres cuando ven un culo
grande y moreno mientras el tambor y su sonido

golpean los músculos. Esta no es una canción
donde puedes sentarte a mover solamente la cabeza.
Esta canción te hace sudar como a ella cuando niña
en los campos de caña de azúcar y algodón. Esto

resuena como las monedas en sus bolsillos cuando
vendía tamales en la calle sin tener lugar para dormir.
Este es el hombre que la acorrala mientras ella dobla
la ropa de su esposa. Este es él agarrando su culo.

Y ella grita entonces ¡no! ¡puedo ser indita pero no soy
tu estúpida! Estos son los dientes rotos de su cuchillo
temblando a centímetros de su rostro. Estas son la risa,
y sus manos rápidas y la amenaza de cortar

su cuello y violarla. Esta es su persecución,
y su bota pateando esa delgada puerta de lámina
del cuarto de su sobrina. Esa es la fe. Solidaridad.
La sobrina que ayudó a escapar a mamá una vez

que él se dio por vencido y fue a emborracharse. Este es
su refugio con otra familia. Otro país. Su canción:

Where Mama Teaches Me to Twerk

My mama gotta big ole nose, beak
like a hungry pájaro. Teeth like an out-
of-tune piano, as broken as her English.
Yeah, maybe Mama ain't much,

but she got back. Latin women, tu sabe,
the way they carry the world tumbao.
The dumb doubletake of men & gringos
when they see a fat brown ass. The weight of it,

cracking, its lovely slit & snare. The bass drum
it pounds in the muscles. This is not a song
where you can sit down & bop your head.
This that sweat as a child in fields of sugar

cane & cotton. This that slash coins made
in her pockets, selling tamales on the street
with no place to sleep. This the man cornering
her as she folds his wife's laundry. This him

gripping her ass. This her *¡no! ¡puedo ser indita,*
pero no soy tu estúpida! This the broken teeth
of her knife trembling inches from his face.
This is his laughter & fast hands. His threat

to slit her throat & rape her. His chase. His boot
kicking a dent into the thin metal door as she hid
in his niece's room. This is Faith. Solidarity.
The niece who helped Mama escape once

he gave up, got drunk. This is her refuge
with another family. Another country. Her song

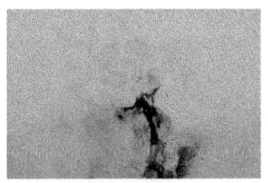

miles de pasos a través del desierto. Cada vez que digo
que tengo el culo de mamá a esto me refiero: a veces volvía a casa

pasada la medianoche y encontraba a mamá encorvada
trapeando el piso y preparando pupusas,
después de hacer dos turnos; todo al mismo tiempo.
Una vez pasé un día de verano entero limpiando

la casa de arriba a abajo y cuando mamá volvió
de trabajar me obligó a trapear el techo.
Una vez una mujer blanca le preguntó a mamá
cómo consiguió ese culo y ella le pasó la aspiradora.

Debo decir que nunca he tenido que trabajar
un día de mi vida como lo ha hecho mi mamá
y aunque ella no sabe bailar, el modo en que mueve
las caderas me enseñó a moverme y a entregarme

al ritmo,

al trabajo,

y al twerk.

thousands of steps across a desert. When I say
I got my mama's ass I mean this: I'd come home

past midnight to find mama's back bent
over, mopping the floor, cooking pupusas
after her double shift & at the same time.
I mean, once I spent a summer day cleaning

the house top-to-bottom & when Mama came
home, she made me mop the ceiling. I mean,
once a white woman asked how Mama got
that ass & Mama passed her the vacuum.

I mean, I have never had to work a day
of my life as hard as my mama. Mama
can't dance, but the way she rocks it
taught me how to hustle, surrender myself

to the break,

to work,

twerk.

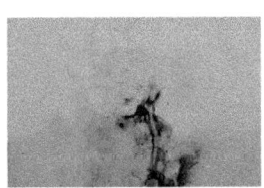

Oración para San Juan

No hay temor en el amor. Pero el amor perfecto expulsa el temor...
1 Juan 4:18

el temor es amor si amor es
                lo que tiene un padre
        en su pecho   es amor
                cuando la tercera de sus hijas se va
para el norte
        después de que las otras dos
se hayan ido olvidando por completo
                de su familia

        ¿qué más puede hacer un padre
                amoroso cuando todos los casquillos
caen al suelo apuntando hacia el norte,

                cuando sus manos cercenadas
        se ven como si pudieran ser más felices
                        si también llegaran a escapar?

el temor es amor si el amor es
                lo que un hijo lleva en
        la garganta   es el amor
                        salado   caliente
duro como un testamento

        si una madre
pasa al menos tres días a la semana
                en una iglesia estudiando a dios

y sigue sin comprender

Prayer to St. John

There is no fear in love. But perfect love drives out fear...
1 John 4:18

fear is love if love is
     what a father holds
   in his chest is love
     when his third daughter leaves
para el norte
   after two others
have already left and forgotten
    their family

   what else is a loving
     father to do when every bullet
shell lands pointing north

      when his cut hands
   look as if they would be happier
      if they fled as well

fear is love if love is
     what a son holds
   in his throat is love
      salty   hot
hard as a testament

    if a mother
   spends at least three days a week
      in a church studying god

and still doesn't understand

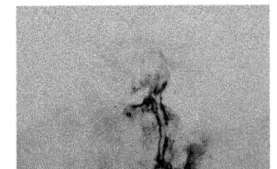

a su hijo   pero ama al suyo
¿a quién podrá culparse de eso?

si la oración es amor   si dios es amor

el temor es amor si el amor
        es tener temor de dios acaso como el que tuviste
juan,
        cuando soldados entregaron la cabeza del bautista
con el que compartes nombre
        sobre una bandeja

        ¿acaso no estaban tus ojos hinchados
                como su corazón?

        ¿cómo decidiste

        nombrar al amor que
            sentiste por jesús
cuando lo viste
                clavado y colgando de sus tobillos y muñecas
        una gallina india
            lista para la masacre?

        me contó una vez un tío
cómo los soldados colgaron a su padre

        durante horas   primero por las muñecas
        y después por sus tobillos
porque era guerrillero
            y no quería revelar
        en dónde estaban sus amigos

        mientras se preparaban para colgarlo
        una tercera vez

        her son but loves her son
now who is to blame for that

if prayer is love   if god is love

fear is love if love is
      fearing god and did you not
john,
      when soldados delivered the head of the baptist
who shares your name
        on a salver

     were your eyes not swollen
            as his heart

        what do you choose

   to call the love you
      felt for jesus
when you saw him
         hanging by his ankles and wrists
      una gallina india
        ready for a massacre

   an uncle once told me
how soldados hung his father

     for hours   by his wrists
          then his ankles
porque era guerrillero
      and he wouldn't tell them
   where his friends were

   as they prepared to hang him
     a third time

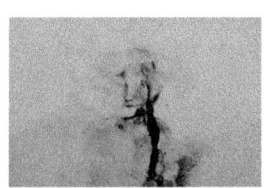

una última vez
ahora por los testículos
el hombre se amaba tanto a sí mismo
maldijo escupió y se cagó
en las caras de mierda
de esos perros pendejos hijos
de la gran puta

pinches déspotas   malditos cabrones   putos violadores

mientras suplicaba que lo mataran a él en su lugar

yo quisiera un corazón
tan feroz como ese
que muerda
que golpee
un hijo de puta
una inundación
para hacerme vomitar
mis propios pulmones

llámalo supervivencia   llámalo amor

a last time
by his testicles now
the man so loved himself
he cursed and spat and shat
at las caras de mierda
perros pendejos hijos
de la gran puta madre

pinches déspotas   malditos cabrones   fucking violadores

praying they would kill him instead

I want a heart
as fierce
a biter
a thrasher
a motherfucker
a flood
to make me vomit
my own lungs

call it survival   call it love

Tía Tere como Sipakti Talteguyu: una violación grupal en seis partes

I

Donde el pueblo señala con sus mil dedos a la niña Tere

Hicimos lo que hacía cualquier pueblo
   cada vez que llegaban los soldados a preguntar
por nuestros hijos. Nos escondíamos
   en barriles de frijoles y dormíamos
en los tejados. Llamamos a nuestros dioses
   por su nombre y nuestro país
gritó como respuesta. Nos encontraban
   en la escuela recitando el himno
nacional. Nos encontraban vendiendo
   conchas a cora en las calles.
Nos encontraron entre sábanas,
   desnudos como recién casados preguntando
por sus nombres. Y si nos daban
   a elegir entre sus enemigos
y nuestra propia cabeza, hacíamos lo que cualquier
   pueblo hacía. Les dimos puta o pobre.
Nos salvábamos nosotros mismos.

Tía Tere as Sipakti Talteguyu: A Gang Rape in Six Parts

I

Where El Pueblo Points Their Thousand Fingers at La Niña Tere

We did what every pueblo did
    when soldiers came asking
for our children. We hid inside
    barrels of beans and slept
on rooftops. We called the names
    of our gods and our country
hollered back. They found us
    at school, reciting the national
anthem. They found us selling
    conchas a cora on the streets.
They found us between bedsheets,
    nude as newlyweds, asking
for names. And if they gave us
    the choice between their enemy
and our head, we did what every
    pueblo did. We gave them puta
o pobre. We saved ourselves.

II

*Donde Tía Tere noquea al primer conquistador y todo lo demás
es inimaginable*

Tirar colones en la calle es lo más
  cercano que estaremos de llenar
    de suciedad a Cristóbal Colón

y su dorado rostro. Entonces, cuando
  los soldados arrancan el bolso a una
    muchacha y los billetes se rompen

como banderas desde su boca abofeteada
  enterrando al conquistador y su moneda
    en medio del lodo y la mierda, a eso podemos

llamarle resistencia, una pequeña
  victoria para la mano tejedora que
    golpeó con crudeza la medianoche

contra las mandíbulas de los militares.
  Las muñecas de Tía Tere eran más jóvenes
    en aquel entonces, más fuertes de lo que son

ahora, hinchadas y agrietadas. Alcanzó
  la nariz del primer soldado e hizo correr
    yema roja de ella manchando su áspera

mueca. Antes de que él la violara ella lo obligó
  a derramar lágrimas de niño. Si sobrevivió
    a la guerra entonces seguirá caminando por ahí

II

Where Tía Tere Knocks Out the First Conquistador
& All Else is Unimaginable

Spilling colones on the street
  is the closest we will get
    to smearing dirt all over

Cristóbal Colón's gilded face.
  So, when soldiers tear the purse
    from her arm & bills rip ragged

as flags from its slapped mouth,
  burying coin & conquistador
    in shit & mud, we can call it

resistance, a victory for the little
  hand that spun & struck midnight
    raw against the jaws of soldiers.

Tía Tere's wrists were younger
  then, stronger than they are now,
    puffy & punctured. She caught

the first soldier in the nose & broke
  red yolk down his rugged grimace.
    Before he raped her, she forced him

to weep a boy's tears. If he survived
  the war, then he still walks today
    with the nose the devil gave him.

con esa nariz que le entregó el diablo.
        Prefiero creer que ella lo hubiese matado
                antes de que su arma se enroscara en su cuello

inaugurando ese negro parpadeo que duraría por horas.

Best believe she would have merked
    him before the gun buckled her neck
        & for hours she blinked back black.

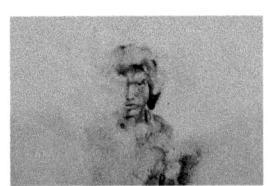

III

Carta de amor de Tía Tere a un niño soldado

En los meses en que los perros hundían sus secas narices en la basura
[en busca
de algo para beber, tú eras el que les dejaba una lata para que tomaran
[las sobras

o un hueso de pollo para que sus hocicos pudieran romper. Papi amenazó
con pegarnos si robábamos la fruta que caía del árbol del terreno de tu padre

en nuestro jardín, así que me guardaba los mangos que me dabas en la
[blusa y sólo
me descubrieron una vez. Luego compartíamos semillas trituradas,
[nuestros uniformes

blancos semi translúcidos gracias al sudor de verano mientras la pulpa,
[amarilla
y brillante se pegaba a nuestros labios; nunca pude pagarte por esa
[amabilidad.

    Tenía tu rostro,

        ese hombre de la nariz gruesa
        que escarbó en mí como en medio de la basura.

Hoy te regreso mi gratitud:

        le jodí la jeta al infeliz, le di una nueva nariz
        y le abrí los labios antes de que me dominara.

        Me dije a mí misma que te fuiste al norte en vez de enlistarte.

        Tú fuiste a quien vi, cuando cerré mis ojos.

III

Love Letter from Tía Tere to a Boy Soldier

In the months dogs dig their dry noses through trash in search
of water, you were the boy who left out tins for the strays to lap,

a chicken bone for muzzles to startle & snap. Papi threatened
to beat us if we stole the fruit that fell from your father's terreno

into our yard. I hid the mangos you gave me in my shirt & only
got caught once. Later, we shared the bruised seed, our white uniforms

half-translucent in the summer sweat, the pulp, bright & yellow,
stuck thirsty on our lips. I never repaid you for your kindness.

       He had your face,

       The man with the fat nose
       who dug through me like trash.

Here are my kindnesses in return:

       I fucked up his mug, gave him a new nose
       & busted lip before he overtook me.

       I told myself you went North instead of enlisting.

       You were the one I saw when I closed my eyes.

IV

Donde Tía Tere encara al juez

Si las heridas de bala tuvieran lengua
        para declarar, ¿entonces los jueces

nos creerían? Si la vagina
        pudiera hablar y escribir el más oscuro

de sus nombres con sangre y pudiera contar
        los soldados y sus barriles,

¿sería legítimo entonces mi dolor?

Dejé atrás a una buena madre que trabajaba como burro
            y a un padre que moría de hambre
            para alimentar a sus hijos,

renuncié al agua y dejé que mi lengua se evaporara
        en el desierto chihuahuense.

Renuncié a mi cuerpo y permití que sus partes más tiernas
            se partieran en pedazos como almejas
            llenas de tierra.
Renuncié a todo un país y usted sigue pidiendo más.

Su señoría, dígale al presidente, a los agentes de inmigración, a la
                                    [extrema derecha
            y a los incontables esclavos de esta nación

        que estoy aquí para señalar a cada uno de ustedes.

            Les he traído hoy el brazo de un niño
arrancado de la tierra como otros arrancan una margarita.

IV

Where Tía Tere Faces the Judge

If bullet wounds had tongues
        to testify, ¿would the judges

believe us then? If the vagina
        could speak & write its darkest

name in blood, if she could count
        the soldiers & their barrels,

¿would my pain be legitimate?

I gave up a good mother who worked like an ass,
        a father who starved
        to feed his children.

I gave up water & let my tongue evaporate
        in the chihuahuan desert.

I gave up my body & let its most tender parts
        crack to pieces like a clam
        full of dirt.

I gave up a whole country & you keep asking for more.

Your honor, dile al presidente, the officials of ICE, the alt-right,
        & this nation's countless slaves:

        I am here to court each of you.

        I brought you all the arm of a child,
plucked from the earth the way some pick a daisy.

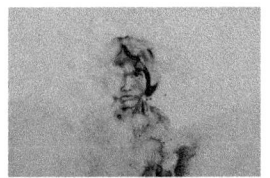

Y les pido perdón por los dedos faltantes.
¿Serán sus hombres suficientemente astutos como para decirme
[si pertenece

a nuestra antigua guerra o al tiroteo de ayer?
Todos se ven iguales.

Si no es el ejército es la policía,
si no es una mina lo hace una mara.

¿Cuál de ellos son ustedes?
Si usted quiere jugar al todopoderoso
júzgueme ahora por favor.

En el Juicio Final todos seremos enviados
a El Salvador para cosechar nuestra eterna compensación.

En el Juicio Final usted se verá obligado
a enfrentar: la insurrección de nuestros muertos.

I apologize for the missing fingers.
Are your men astute enough to tell me when it's from:

¿our old war or yesterday's tiradero?
                                    They all look the same.

If it's not el ejército, it's la policía.
        If it's not a landmine,   it's a mara.

        ¿Which are you?
                    If you want to play pantokrator,
por favor, please judge me.

In the Last Judgement, we will all be sent
to El Salvador to reap our eternal redress.

In the Last Judgement, you will be forced
to face the insurrection of our dead.

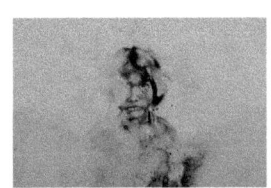

V

Oración a Sipakti Talteguyu

Sipakti Talteguyu,

Tía dice que pasaron sobre ella tantos hombres que perdió la cuenta de
[cuántos eran.

Se fundieron todos en uno solo—
    los soldados y conquistadores,
    los jueces y el pueblo,
    la policía y las maras
    y los muchachos que un día le ofrecieron
    el dulce corazón de un mango maduro.

Fuiste la diosa que los hombres partieron en dos antes de asegurar
que ellos crearon la tierra como si la selva no fuera tu nuca,
como si las montañas hubiesen surgido de otro lugar
que no fuera tu seno. Te llamamos el monstruo del mundo

—la mujer, la guerrillera que sobrevivió a una violación grupal
de dioses y nos diste tu reino, tu vientre ensangrentado y tu matriz
masacrada. ¿No eres tú madre y mártir de nuestra América, astillada
en el istmo, las piernas agitándose violentamente contra cada

cadena y punzada? ¿No somos todos acaso los hijos
de una mujer desgarrada en la frontera? Surgiste del seguro
de la granada de una guerrillera como ángel. Agitaste
tus alas y las hojas de los árboles revolotearon

en llamas y dijiste—
Nugunew, naha ni ne siwatahpaltik, Tiutamagixtiani.
    Xigita ne zahzayantuk inpak nuweyga,
    ne itehten ga zahzit inwan muċi sasalik, ne apan

V

Prayer to Sipakti Talteguyu

Sipakti Talteguyu,

Tía says so many men went over her she lost count.

They all blurred into one—
   the soldiers y conquistadores
   the judges y el pueblo
   the police y las maras
   the boys who once offered
   her the ripe heart of a mango.

You were the goddess men tore in two & claimed
they created the earth, as if la selva isn't the naps
of your kitchen, as if the moutains blossom
from somewhere other than your bosom.

We call you the world monster—la mujer, la guerrillera,
who survived a gang rape of gods & gave us your queendom,
bloody belly & slaughtered womb. ¿Are you not madre y martyr
of our Americas, splintered at the isthmus, legs thrashing

against every chain & stitch? ¿Are we not all the children
of a woman torn at the border? You burst from the pin
of a guerrillera's grenade as an angel. You flapped
your wings & the leaves of the trees fluttered

in flames & spoke—
  Mija, soy la mera, mera, Santa Salvador.
   Mira las heridas sobre mi cuerpo,
  las bocas que gritan en cada rótula, el rio
   sangriento de mi pelo que llena mares

esgisatuk pal nuzungal ga tema lahlamal
iwan iqantilis. Taha ti nugunew-qalantiani, nuyulu,
inagaw nunagaw, ne ićiltikxućiw nutilwigugulis.
Taha tigmati an tayiga nutehten sempa mayanat
pal ne esti. Niginpuhtuk mihmiak nupal.
Wan tesu yawi migi nin, angan, nugunew,
niu-nimezmaga mutunal.

Y los hombres fueron cegados
          por tu luz y ensordecidos
                    por el rugido de tus fusiles,

y los hombres se escondieron detrás
          de tus árboles que cayeron sobre ellos
                    como manos aplastando moscas,

y los guerrilleros emboscaron
          el campamento mientras el coronel
                    suplicaba egoístamente a la Tía por su vida,

y los hombres perdieron sus armas
          en medio de su huida y terminaron rezando
                    a las madres que nunca amaron,

y perdieron sus piernas en la desbandada
          y finalmente cayeron de rodillas,
                    humillados ante su creador,

y los muslos de ella seguían embarrados
          en sangre hasta las rodillas mientras lo guiaba
                    por su patria, el arco oscuro

y la profundidad de tu pecho en que alguna vez
          se amamantó con tu miel y sintió
                    a sus huesos endurecer con tu médula,

con su furia. Sos mi hija-guerra, nene, carne
de mi carne, la rosa de mis moretones.
Entiendes ahora porque mis bocas siempre
ansían por la sangre. He perdido tanto
de la mía. Pero no vas a morir aquí, ahorita,
mija, yo te concederá la vida.

& the men were blinded
by your light, made deaf
by the roar of your rifles

& the men hid behind
your trees which fell
like hands clapping flies

& guerrilleros ambushed
the camp as the colonel
selfishly begged Tía for life

& the men lost their arms
in the scuttle & finally prayed
to mothers they never loved

& the men lost their legs
in the scuttle & finally knelt
humiliated before their Maker

& her thighs were still mud-slapped,
bleeding to her knees as she led him
through her homeland, the dark arch

& dip of your chest, where once
she nursed from your honey & felt
her bones harden with your marrow

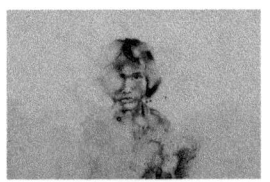

y donde entonces le diste
      la fuerza para salvar a un hombre
            que no merecía tu sangre.

& where then you gave her
          the strength to save a man
                    who didn't deserve your blood.

VI

Oración a Tía Tere

Tía,

cuando te llamo Sipakti
Talteguyu a esto me refiero:

Nos obsequiaste un mundo desgarrado
miembro por miembro, enriquecido
por tu sacrificio.
Diste la vida al poeta y al delincuente,
a los hombres que jamás
conocieron tu poder.
Si nos dejas vivir
lo haces por la firmeza de tu gracia.
Si traicionamos tu amor,
entonces no merecemos tu misericordia.

VI

Prayer to Tía Tere

Tía,

      When I call you Sipakti
         Talteguyu I mean this:

      You gave us a world, torn
         limb by limb, rich with your sacrifice.
      You gave birth to the poet & the thug,
         to men who never knew your power.
      If you let us live,
         it is by the grit of your grace.
      If we betray your love,
         then we do not deserve your mercy.

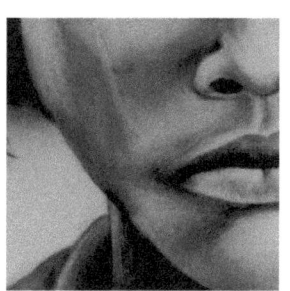

*P*ARTIDA

Entonces pensará
que el inicio de la vida se encuentra en el ombligo
y cortará mi cuerpo en dos....

Elena Salamanca, "Sobre el mito de Santa Tecla"

Dijo Sipakti a su hijo

mijo

no llores por la sangre que perdiste
        si tienes delgada la sangre
es porque sobrevivimos ejércitos

        que tomaron nuestros cuerpos
pero no pudieron llevarte
        nuestro ladrón de sueños

nuestro pequeño y oscuro secreto
        puede que sus guerras
nos hayan criado   pero no

        sus asesinos   si la historia
se ha hecho para los reyes
        y los mitos para los dioses

olvida tu historia   aprendimos a hablar
        en nawat   en español   en inglés
nuestras lenguas   nuestras historias

        nunca han sido nuestras
lo único que hemos tenido
        desde siempre son nuestros mitos

olvida mi nombre   de todas formas
        no podrías pronunciarlo
de todas formas   no podría indicarte qué camino

Said Sipakti to her Son

mijo

do not mourn your loss of blood
        if your blood is thin
it is because we survived armies

        who took our bodies
but could not take you
        our dream-thief

our wicked little secret
        their wars may have raised us
but its murderers did not

        if history is made
for kings & myth made for gods
        forget your history

we learned to speak in nawat
        en español in english
our tongues our histories

        have never been ours
all we ever had is myth
        forget my name

you could not pronounce it
        anyway we cannot tell you
which way to go only tell you

tomar   sólo decirte
que te vayas si estás perdido
        ahora mismo estás en casa

        renuncia a la nostalgia
los lugares que amamos
        ya no existen   sigue buscando por tu madre

nunca lograrás encontrar nada
        sin embargo encontrarás algo
algo más   que no podemos darte

to go if you are lost
right now you are home
give up on nostalgia

the places we loved
no longer exist keep searching
for your mother

you will never find her
but you will find something
else we cannot give you

antes de que yo naciera, mi madre

se cortó los pies   así es como mantenía los pisos limpios   incluso cuando nos deslizábamos en su resplandor

con calcetines negros y mojados   esa es la razón por la que podía estar de pie tanto tiempo   deambuló por semanas

para trabajar para judíos en Brooklyn   perdida en una ciudad del color del agua de trapeadores

confundiendo cuadras   las formas de las letras sobre signos   el coloquio mientras amables desconocidos traducían

cortando sus lenguas en pedazos   con cuchillos desafilados   cada consonante que raspó sus delicados ojos como arena

no dejó ninguna huella al cruzar el desierto   tierra de zapatos abandonados   botellas de agua llenas de polvo

cepillos de dientes sin cerdas   el desierto que devora suelas y tacones   fácil como huesos

fácil como escupir el alma   en el concreto y su mirada interminable   bajo la que pasean babeles y bebés   en cochecitos

babeando y balbuceando   otro idioma sin sentido   quiero imaginarme que un día la encontraré:

before i was born, my mother

hacked off her feet   it is how she kept the floors clean   even when we slid giggling across glitter

our socks wet & black   it is the reason she could stand for so long   for weeks she wandered

to work for judios in brooklyn   lost in a city the color of mopwater   misremembering blocks

the shapes of letters   on the signs the colloquy   kind strangers translate   cutting their tongues

on blunt knives   each consonant scuffs   her soft eyes like sand   she left no footsteps crossing the desert

a land of discarded shoes   dusty water bottles hairless toothbrushes   swallowing heel and sole

easy as bones   easy as we spit our souls   into the concrete & its endless stare   case of babels & babies

asleep inside strollers   drooling babbling   another thumbless language   one day i imagine

i will find her   feet buried in a garden   toes poking out the soil   red & swollen as earthworms

sus pies enterrados en un jardín   sus dedos asomándose fuera de la tierra   rojos e hinchados retorciéndose como lombrices

que cuando intente capturarlos   se dividirán en horizontes gemelos   deslizándose debajo de las cercas

silbando sobre los cactus   nubes púrpuras   buitres volando en círculos   pacientes como madres

serpientes de cascabel besan el viento al pasar   cuando la persigo me quemo   y mis ampollas revientan

como al tocar las espinas   mis pies se vuelven arena

when i try to capture them   they split into twin horizons   slipping under fences   hissing over cacti

clouds purple the sky   vultures circle patient as mothers   rattle snakes kiss the wind as they pass

when i chase her i char   blister like barbs   my feet become sand

Donde las piernas de mamá son Las Américas

Para poder nacer tuve que cortar
a través de su istmo.

El doctor tronó sus nudillos, sus guantes
blancos y resbaladizos

como manteca. Por demasiado tiempo tiró de mis pies
en medio de las patadas diciendo, *si yo sobreviví a un parto de cabeza*

él lo hará también. Mamá jura que podía sentir mis dedos
aferrarse a sus costillas, mi pesado cráneo

empujando más y más hacia arriba
hasta que me desmayé en medio de un tren de intestinos reventando

las ventanas del su interior. Un bandido con la pierna torcida
que tardó más de nueve meses en nacer.

Mamá tosió peor que un motor sobrecalentado
en medio del desierto. Un aullido como frenos

cortando arena. Durante la labor de parto el médico
obligó a mamá a pujar hasta que su rojo excremento

salió como una inundación por sus muslos. El coyote
hizo correr a mamá hasta que su rojo éxodo

huyó como flema de su cuerpo. El cirujano
cortó un horizonte por debajo de su vientre,

y me levanté, caliente y sangriento como el último sol.
El coyote nunca alzó un cuchillo en contra de mamá,

Where Mama's Legs are The Americas

To be born, I had to dagger
through her isthmus.

The doctor cracked his knuckles, his gloves
white & slippery

as fat. For too long, he tugged at my kicking
feet, saying, *if I survived a breech birth,*

he will too. Mama swears she could feel my fingers
ferret up her ribcage, my dull skull

nudging higher & higher until
I passed out on a train of intestines, smashing

the windows of Mama's gut. A bandy-legged
bandit, taking more than nine months.

Mama coughed worse than an engine, overheating
in the desert. A howl like brakes

cutting through sand. During labor, the doctor
forced Mama to push until her red excrement

fled like a flood down her thighs. The coyote
made Mama run until her red exodus

fled like a phlegm down her thighs. The surgeon
cut a horizon beneath her

belly, and I rise hot & bloody as the last sun.
The coyote never held a knife

pero cuando la familia vio sus piernas
temían que la violara. El cirujano

cosió una reja de alambre sobre la herida
como diciendo *nada volverá a pasar por aquí.*

Las piernas de mamá saltan sobre los trenes, un par
sangriento de tijeras que cortan el cielo.

Nubes de polvo siguen a sus tambores de guerra
saqueando pueblos enteros y dejando atrás a los bebés

retorciéndose resecos como lenguas bajo un sol color estiércol.
Sus piernas se doblan y se pudren. Nunca dejan

de parir. Cuando finalmente logro sostenerlas
patean una cicatriz sobre mi boca.

Nuestra sangre dibuja mapas en la arena.

against Mama but when family first saw her legs,
they feared he raped her. The surgeon

stitched a fence over the cut
as if to say *no more will pass here.*

Mama's legs leap over trains, a gory pair
of scissors cutting open the sky. Clouds

of dust follow her war drum, robbing entire villages
blind. They leave behind infants

wriggling dry as tongues under a dung-colored sun.
Her legs flex and rot. They never stop

giving birth. When I seize them, they kick
a scar into my mouth.

Our blood draws maps in the sand.

Donde el ángel de papi me habla acerca del amor

mijo—sé que has visto la noche
como una excusa para sostener tu cuerpo

como si fuera una botella y beber
hasta caer exhausto por la mañana pero aún así el sol

se alzará resplandeciente como un temor infantil
en tu garganta y no llegará a ti la muerte

tanto como deseas   porque tendrás suerte
tus amigos te envidiarán con toda su alma

y ya sea que lo merezcas o no: vas a perder
a las mujeres que amaste mal y yo sé

que eso es como amar hasta perder la esperanza
nadie quiere hablar de cómo nos ofrecieron en la frontera

limpiar nuestros antecedentes penales
nuestro primer viaje en avión

si regresábamos a nuestra patria el salvador
es cierto que es muy difícil irse y por supuesto que tu tío

regresó por una muchacha diciendo que lo intentaría de nuevo
de la manera correcta pero no hay una manera correcta de irse

y jamás nos hubiéramos ido si hubiese existido
elección pero los hombres se van para sobrevivir

irnos es lo que nos hace lo que somos y tú te volverás
un hombre de manera incorrecta y por eso te debo decir

Where Papi's Angel Speaks to Me About Love

mijo—i know you have seen the night
as an excuse to hold your body like a bottle

and drink yourself to sleep in the morning
the sun will rise bright as an infant fear

in your throat you will not die as much
as you wish for it you will get lucky

friends will envy you with their stomachs
whether or not you deserve it you will lose

women you loved wrong and i know what
that's like—to love until you lose hope

in yourself no one wants to talk about it
how at the border they offered us clean

criminal records our first ride on an airplane
if we went back to our motherland el salvador

it's so hard to leave and of course your tio
he went back for a girl said he would try again

the right way but there is never a right way
to leave we would have never left if there

was a choice to make but men leave to survive
leaving is what makes us & you will become

a man all the wrong ways which is to say
there is no right way after your tio left

que no hay forma correcta desde que tu tío se fue me dejaron
libre—en la calle cegadora sin nada ni siquiera una ruta de autobús

huérfano siempre esta vez sin una familia que pudiera llamar
una patria tan sólo una dirección mi dominio del idioma digno

de un desertor de octavo grado de lenguaje y supervivencia—
mijo—lo logré no hay necesidad de un mapa si el miedo

es tu nuevo rostro aprende a besarlo con los ojos
abiertos y sin una frontera que separe a un labio del otro

they let me go—into the blinding street
with nothing not even a bus route always

an orphan this time without a family
to call a motherland only an address

my eight grade dropout's command of
language & survival—mijo—i made it

there is no need for a map if fear is your
new face learn to kiss him with your eyes

open without a border between your lips

Donde el ángel de papi habla desde un centro de detención de inmigrantes

uso mis zapatos
como almohadas
como diciendo que mis sueños
están lejos de aquí
como si dijera
que estoy listo para irme
en cualquier momento
usa mis zapatos
como almohadas
y susurra oraciones
en las suelas
para que me sigan
al día siguiente
usa mis zapatos como almohadas
y deja que sus talones
se hundan en mi rostro
así cuando regrese
todos podrán ver los países
por los que he pasado
usa mis zapatos como almohadas
y desata su boca
pega su lengua a mi oído
como si fuera la de una amante
y escúchala murmurar
sobre la tierra que se mueve
al interior usa mis zapatos
como almohadas y asómate
a través de los agujeros
para crear mi propio cielo
nocturno usa mis zapatos como
almohadas y sacude los dedos
de mis pies hasta que caigan

Where Papi's Angel Speaks From An Immigrant Detention Center

i use my shoes
as pillows
as if to say my dreams
are far from here
as if to say
i am ready to leave
at any moment
use my shoes
as pillows
and whisper evening
prayers into
the soles so they
follow me the next day
use my shoes as pillows
and let the heels dig
into my face
so when i return
everyone will see
the countries I have
crossed use my
shoes as pillows
and untie its mouth
hold its tongue
to my ear like a lover's
and listen to her
mumble of dirt shift
inside use my shoes
as pillows and peek
through the holes
to create my own night
sky use my shoes as
pillows and wiggle

del borde de la cama como un árbol
y recuerda cómo dejé
caer una vez mi chancla
semejante a una fruta
y cómo en estos momentos
debo estar listo para magullar
puño y cara por este par
de zapatos rasgados por las espinas
listos para correr
a través de otro mediodía
a través de las suelas
y de la piel
de mis pies

my toes off the edge
of the bed like a tree
and remember how
once I let my chancla
fall like fruit
how now I must
be ready to bruise
fist and face for
this thorn torn pair
of shoes ready to run
through another noon
through the soles
and the skin on
my feet

Donde vemos la espalda de mamá

En la frontera el coyote obligó a mamá a correr con los hombres,
como castigo por no dejarse violar junto con el resto de las mujeres.

No sé cómo describirles la manera en que la arena fue
mordiendo las plantas de sus pies, avanzando poco a poco
hasta llegar a convertirse en su piel y su carne. No
sé cómo describir la manera en que cada uno de sus
pasos se sentía como caminar bajo el agua
sin que la hubiera, la manera en que las gotas de
sudor se transformaban en perlas de sal
y arena rodando por su rostro hasta convertirse
en él. Mamá, mujer de arena, su
garganta silbando como el viento y las
serpientes. Sus muslos
frotándose entre sí tan fuerte
que sangraron
un rojo seco, piedras
afiladas

Where we see Mama's back

At the border, the coyote forced Mama to run with the men,
as punishment for refusing to be raped with the other women.
I do not know how to describe the way the sand
bit into the soles of her feet, inching further & further
until it became her skin, her flesh. I do not
know how to describe the way each step felt like
it was underwater when there was no
water, when sweat became dry beads of salt,
of sand stumbling down her face
until they became her face. Mama,
a sand woman, her throat
hissing like wind & snakes.
Her thighs rubbed
together so hard they
bled a dry red,
stones sharp as
crescents

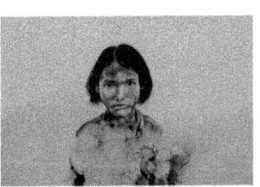

como medias
    lunas
cortando
    sus
pies.

Luego, vinieron las colinas.

En este poema
    terminaremos
aquí la historia, con
    mamá descansando
por fin, con sus manos exhaustas,
enterradas, cubiertas hasta las
muñecas por la arena del desierto. En este
    poema todo lo que ella cargaba cae finalmente
de su espalda – las ocho cabezas hambrientas de sus hermanos
y hermanas ruedan cuesta abajo y los machetes más hambrientos
de los soldados surgen de la arena como espinas de cactus gigantes, su camisa rota
revelando la café y clara curvatura de su columna finalmente descansando.

cutting her
    feet.

Then, came the hills.

In this poem,
    we will end
the story here, where
    Mama finally rests,
where her fallen hands are
    already buried wrist-deep
in the desert. In this poem, every
    -thing Mama carried finally
falls off her back—the eight hungry heads
of her hermanos y hermanas roll down
the hills, the hungrier machetes of the soldiers' stick
from the sand like needles of giant cacti, her torn
shirt exposing the pale brown ripple of her spine, finally uncurling.
I want there to be a version of this story where she no longer
suffers, where for once another god performs the miracle, the atonement

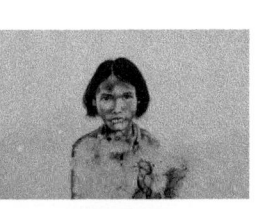

Quiero que haya una versión de esta historia en la que ella no sufre, en la que otro dios

haga el milagro, la expiación de sangre y extremidades, una versión donde ya no vivimos

con la culpa de su sacrificio. En este poema un hombre ayuda a mamá y la lleva a cuestas por el resto

del camino. Es el mismo que la defendió cuando el coyote la quiso colocar con las otras

mujeres y él levantándose dijo: *no, ella es mi hermana y no nos vamos a separar.* Cuando el coyote

le grita que la abandone y la deje atrás para disolverse en medio de la arena, él

la carga en su espalda como el cielo carga en su recorrido nocturno a la luna, luz

que vemos en la oscuridad, la única cosa pura que vemos en el cielo:

ese hombre es mi padre, sentado a su lado en la cama del hospital mientras

masajea su espalda. —No, en este poema es mi padre

quien yace en la cama de hospital aullando al cielo mientras

el doctor me extrae sangrando de su cuerpo,

ambos pies agitándose en disonancia. Este hombre

es cada uno de sus hijos aún por nacer,

cerrándole los ojos, humedeciendo sus labios

con huesos y sangre. Ese hombre

eres tú ahora, querido lector, mientras

sostienes esta página,

y llevas esta carga profana

aunque sea por

of blood & limb, where we no longer live with the guilt of her sacrifice.
In this poem, a man lifts Mama onto his shoulders & carries her the rest
of the way. This man is the same man who stood up when
the coyote wanted to put Mama with the women & told him, *no,*
she is my sister, we will not part. When the coyote yells
for him to leave her behind to dissolve into the dust,
this man carries her the way the sky carries the
moon, the light we see by in the dark, the only pure
thing in the sky. This man is my father,
sitting by her hospital bed, massaging her back
—No, in this poem, my father is in
the hospital bed, howling to the heavens
as the doctor pulls me bloody
from his body, both our feet flailing
in dissent. This man is each of
her unborn children, closing her
eyes, nursing her dry lips
with our bone & blood. This
man is you right now,
reader, holding this page,

el más breve momento
así, por una vez
serás capaz de
comprender
qué tan rápido
algo como
esto
te haría
colap-
sar.

carrying this unholy
burden for the shortest
of moments so,
for once, you can
understand
how quic-
kly you
would
colla-
pse.

Pesadilla en un infierno donde encuentro la cabeza de mamá

Separada del cuello. Colgada por su
      cabello. La encuentro
roja y torcida como un hueso de durazno.
      Escondida en los manglares,
gimiendo con una voz que gotea roja
      sobre el río. Se dice
que mi madre es un espíritu vengativo
      que se columpia en el viento
como un eco a través de los árboles.
      Su boca es una cueva de avispas.
Sus párpados se unen con suturas.
      Escucho sus plegarias
en el coro de flamas
      que consumen las chozas
mientras cantan recordando bosques encendidos.
      Cada avispa es una oración,
Cada una tiene un aguijón mortal y ojos
      oscuros como el alma
de un barril vacío.

      Si me corto la garganta, mi cuello.
Si dejo que mi cabeza ruede río abajo
      inmisericorde como una granada activa.
Si dejo que mi lengua saboree la sangre
      en el agua. Si mis oídos le enseñaran a
mis labios el roto lenguaje
      de los ahogados. Si mis ojos
aprendieran a reconectar al cuerpo las extremidades
      sin nombre. Si pudiera sostener en mis manos
su cabeza y aplastarla sobre mis hombros.
      Si sus ojos se abrieran.

Nightmare in an Inferno Where I Find Mama's Head

Severed by the neck. Hanging
            by its hair. I find her
red and crooked as a peach pit.
            Hidden in the mangroves,
moaning in a voice that drips red
            into the river. They say
my mother is vengeful spirit.
            Swinging in the wind
like an echo through the trees.
            Her mouth is a cave
of wasps. Her eyes sewn shut.
            I hear her prayers
in the chorus of flames that torch
            the shanties, the singed
singing of burning forests.
            Each wasp is a prayer.
Each has a deadly sting and eyes
            black as the soul
of an emptied barrel.

            If I slit my throat, my neck.
If I let my head roll down the river
            merciless as a pinned grenade.
If my tongue tastes the blood
            in the water. If my ears teach
my lips the broken language
            of drowning. If my eyes
learn to reconnect the nameless
            limbs. If I could hold her
head in my hands. If I could crush it
            over my shoulders. If her eyes
opened. If my muscles twitched.
            If my body could flood

Si mis músculos se contrajeran.
      Si mi cuerpo entero pudiera inundarse
de su recuerdo y tan sólo
      por unos instantes pudiéramos compartir
el mismo corazón, los mismos latidos. Antes de que ella diga:
      esta no es mi carne, this is not my flesh.

with her memory, and if only,
       for moments, we could share
the same heartbeat before she said,
      esta no es mi carne.
This is not my flesh.

El corazón de mamá

Como todas nuestras madres ella fue una de las afortunadas;
        pasó su examen de ciudadanía estudiando de nuestros

cuadernos de inglés de primer grado. Estaba demasiado enferma
        para trabajar el día de la redada. Le dio su número

de seguro social a su hermana para que pudiera trabajar.
        Nos indicó a quién llamar y dónde encontrar

los documentos importantes. Dejó preparadas *cartas poder*
        en caso de no lograr regresar a casa. Nunca asistió

a los talleres de información legal para inmigrantes. Nos cantaba canciones
        de cuna en español todas las noches sin decirnos jamás de dónde

es que veníamos. Cruzó el desierto con la suerte de que ningún hombre
        tocara un solo cabello de su cabeza. El control de natalidad

buscaba evitar que tuviera al bebé de algún extraño. La violación
        era un riesgo que estaba tomando.

Ella presenció lo que les hacían a nuestros hombres: rapaban
        sus cabezas y les daban después un arma para que pudieran
                                   [disparar

a familias enteras por una bandera y si no golpearlas a muerte
        como perros comunistas a plena luz del día;

tatuaban sus pieles y les daban un arma para que pudieran meterles
        plomo y terror a las familias por una placa

Mama's Heart

Like all our mothers, she was one of the lucky ones.
          She passed her citizenship test studying English

out of our first-grade notebooks. She was too sick
          to work the day of the raid. She gave her social

security number to her sister, so she could work.
          She told us who to call and where to find important

documents. She prepared powers of attorney
          in case she didn't return home. She never attended

the Know Your Rights workshop. She sang us Spanish
          lullabies every night. We didn't know a thing about

where we came from. She crossed the desert
          blessed no man touched a strand of hair on her

head. Birth control made it so she wouldn't
          have a stranger's baby. Rape was a risk she took.

She saw what they did to our men: shaved
          their heads and gave them a gun to fire far

into families for a flag or else beat them to death
          like communist dogs in broad daylight in the middle

of the street; tattooed their skin and gave them
          a gun to fire fear into families for a tag or else

beat them to death like anonymous dogs
          in broad daylight in the middle of the street.

o matarlas a golpes como perros anónimos
     a plena luz del día a media calle.

Nuestras mujeres siempre han huido para salvar a sus hijos
     de la masacre. Correr está en nuestra sangre

y nuestra sangre siempre ha corrido:
     ¿qué es un hijo sino un motivo para escapar?,

¿qué me hace eso sino otro imperio,
     el mismo que hizo sexy la conquista

antes de Cortés y los tlaxcaltecas,
     que hicieron del asesinato un deporte antes que la policía

y las maras y volvieron al terror nuestro libro de texto
     antes de la Escuela de las Américas y el ICE?

¿Qué me vuelve eso a mí sino la obsidiana
     bajo sus pechos, los dedos hambrientos del hombre

que nadan y se sacuden en ella como un pulpo
     mientras roban su corazón y sus latidos

descansan en su mano como para darle vida?
     Mi sangre conoce el sentido del asesinato

tanto como conoce el sentido del martirio;
     ¿de quién más puede ser esta mano si no mía?

Our women always flee to save their children
        from being slaughtered. Running is in our blood

and our blood has always been running.
        ¿What is a son but a reason for her flight?

¿What does that make me but an Aztec,
        the same empire that made conquer sexy

before Cortes y las Tlaxcaltecas,
        that made murder a sport before la policia

y las maras, that made terror our textbook
        before the School of the Americas? ¿before ICE?

¿What does that make me but the obsidian
        below her breasts, the man's hungry fingers

swimming away like an octopus,
        purloining the heart and her heart beating

in his hand as if to give him life?
        My blood knows just as much murder

as it does martyr.
        ¿Whose hand can it be but mine?

Dijo Sipakti a su hijo

mijo

no hace falta que caves tu propia tumba
          con esperanzas pues la tierra te enjuaga
limpia   el futuro se establece con suficientes

          derrumbes para enterrarte
cuando llegue el momento regresaré
          por mis huesos y hoyuelos

el dedo especial que robé
          para hacer tu torso
las tentadoras curvas del

          acércate   nadie más
lleva el rostro
          de la criatura salvaje

que sobrevivió a las siete
          noches de mis estómagos
con un gruñido y cuando

          el tiempo haya venido me lo llevaré
de vuelta   y te daré un nuevo rostro
          hecho con los tesoros

que me has traído   confía
          los siglos me han dado
sangre suficiente para asquear

Said Sipakti to her Son

mijo

no need to dig your own grave
            with hopes the dirt rinses you
clean   the future is set with enough

            landslides to bury you
when the time comes i will return
            for my bone & dimple

the special finger stolen
            to make your torso
the enticing curves of

            come close   no one
but you wears the face
            of the feral creature

who survived the seven
            nights of my stomachs
with a snarl & when the time

            comes i will take him
back   give you a new face
            made of the treasures

you have brought me   trust
            the centuries have given me
enough blood to disgust

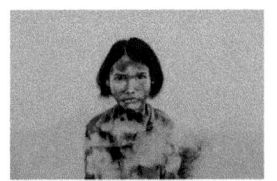

incluso al más amargo de los borrachos
intoxicado con su dolor
no hace falta que te desmiembres

con los rituales
del odio y la culpa
no me llames víctima

o sobreviviente   no me
nombres   ni siquiera matria
ya hay suficientes

dioses y hombres que te quieren
muerto   veneraste
tu culpa   caminaste

en el borde de tus pecados
rezando por deshacer el pasado
sin encontrar nada más que el cuerpo

que te di rehusándose
a confesar sus costuras   mijo
nadie necesita un futuro

construido sobre tu dolor
no le haces un favor a nadie
cuando te abrazas a la responsabilidad

de las obras de dioses
siniestros   he sido despedazada
en numerosas ocasiones

y me encontré
tantas veces
hecha un mosaico de espejos

even the most bitter drunk
intoxicated with their pain
    no need to dismember

yourself with the rituals
    of hatred & blame
do not name me victim

    or survivor name me
nothing not even matria
    there's enough

    gods & men who want you
dead   you have worshipped
    your guilt   you have walked

to the edge of your sins
    praying to undo the past
& found nothing but the body

    i gave you refusing
to confess its seams   mijo
    nobody needs a future

built on your sorrow
    you do no one a favor
when you hold yourself

    responsible for the deeds
of sinister gods i have been
    broken myriad times

& found myself myriad
    times whole a mosaic
of misread mirrors

que fueron leídos incorrectamente
intentaron cortarme la lengua
pero te di el poder de cantar

cada herida en mi carne
se convierte en una boca
entonces besa   entonces canta   entonces traga

cada vez que encuentres una herida
en tu interior   no dudes cuál
es su propósito   abre

tu nueva boca
y prueba todo aquello
que tiente a tu lengua

they tried to cut off my tongue
        but i gave you
the power to sing

        each wound in my flesh
becomes a mouth
        so kiss so chant so swallow

when you find a wound
        inside you don't doubt
its purpose open

        your new mouth
& down whatever
        tempts your tongue

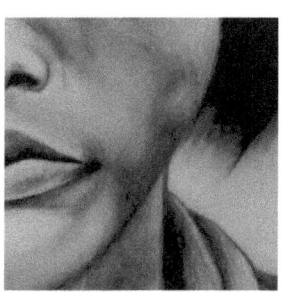

SHOULDA BEEN FELIPE AMAYA
DEBÍ HABER SIDO FELIPE AMAYA

El hombre dirá:
Qué mala mujer,
es una maldición de manos…

Elena Salamanca, "Sobre el mito de Santa Tecla"

Poema en el que papi reza en la oscuridad

El abuelo Vicente bebía   tanto guaro,
llamémosle *Abolo*   Abolo nunca estuvo presente

ni en el nacimiento   ni en la comunión   ni en los cumples
de papi   No conozco la historia completa

porque de niños   no fuimos lo suficientemente
rudos y siendo adultos   somos demasiado

cuidadosos y descuidados como para preguntar
      Cuando tenía dos años   mamá señaló mi pene

y me dijo "esta es tu palomita"   luego me enseñó
cómo orinar   Mi abuela   María Palomo

pasó una década   perdida   remando
en el océano psíquico del guaro de Abolo

rezando por encontrar una hoja de higo en donde
sólo estaba su palomo   sus plumas delgadas y frágiles

      feas como escamas de pescado
El pinche palomito

sabía más de ahogarse que de volar y nadar
      como un renacuajo   hasta que alcanzó el tamaño
de mi padre
      Aunque no recibiera otra cosa papi
obtuvo el apellido de Abuelita

      Antes de que los abuelitos murieran
mis tíos solían jugar con papi

Poem where Papi Prays in the Dark

Abuelo Vicente Amaya drank   so much guaro
lets call him Abolo   Abolo never came

to the birth   to the communion   to Papi's birthdays
                         I don't know the entire story

because as children   we were not rude enough
          & as adults   we are too careful or careless
                                                    to ask
          when i was two   Mama pointed at my penis
& told me this is your palomita   then showed me

how to pee   Mi Abuela   María Palomo
          spent a decade   stranded   rowing

in the psychic ocean of Abolo's guaro
          praying for a fig leaf but only finding

his palomo   its feathers thin & brittle
          ugly as fish scales   el pinche palomito

knew drowning better than flying & swam
          like a tadpole   until it grew into the size
of my father
                    If nothing else Papi
received Abuelita's name

                         Before los abuelitos died
mis tios would play w/ Papi
                              spinning marbles
in the street   &   when Abolito caught them
he'd knock the palomitas out of their cabezas

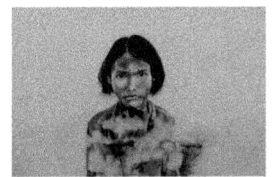

jugando a las canicas
en la calle   y cuando Abolito los descubría
les sacaba palomitas sus cabezas

¿conoces cómo canta el pájaro sin jaula?
ni los doce años   tenía papi cuando se quedó sin nido

sin madre ni tierra que pudiera llamar suya   nada
a excepción de un palomo que mantuvo en sus labios

en honor de su madre   la ausencia violenta
de su padre   cuyos excesos y palizas

convirtieron a la abuela Palomo en una figura negra como murciélago
colgando de cabeza   en medio de la oscura medianoche

del cerebro desconcertado de papá   El espíritu santo de mi padre
es tan negro como los labios de una mujer que habla

demasiado alto   Cada noche antes de cenar papi recita
una aleccionadora letanía de arrepentimiento   su *Tecate* sudando

ya medio borracho   Rogar por perdón
      es la única forma   en que habla con dios

Cada Día de los Muertos   llora
el aniversario de la muerte de Abuelita

Mis hermanos y yo aprendimos acerca
del Día de los Muertos en la uni   No sabemos casi nada

sobre las manos que rompieron y moldearon
a mi padre   las arrugas y cicatrices de su rostro

do you know what the uncaged bird sings
ni los doce años   papi w/ no nest   no nido

no mother or land to call his own   nothing
but un palomo he's kept in his mouth

in honor of his mother   the violent absence
of his father   whose binges & beatings

bruised Abuela Palomo black as a bat
hanging upside   in the midnight of Papi's

stupefied brain   My father's Holy Ghost
is black as the lips of a woman who spoke

too loud   Before dinner Papi recites
a sobering litany of regret   his Tecate sweating

already half-drunk   Begging for forgiveness
            is the only way   he speaks to God

Cada Dia de los Muertos   he mourns
the anniversary of Abuelita's death

My siblings & I learned about Dia de los Muertos
in college   We know next to nothing

about the hands that broke & shaped
my father   the pocked pockets of his face

the round rumble of his gut   I cannot tell you
            anything else about my grandparents

el estruendo redondo de su barriga   No puedo decir
    nada más acerca de mis abuelos

Mi padre nunca habla de ninguno de ellos
    excepto cuando pronuncia su propio nombre

He never speaks about either except
for when he says his name

A *nadie realmente le importaba*

cuando papi empezó a cortejar a la criada,
la india de ojos grandes
sin parientes
varada en los Estados Unidos
que enviaba hasta el último centavo a su casa,
guardando para ella apenas lo suficiente
para un par extra de calcetines
y sus tres bufandas
para enrollar en su rostro
como un niqab para el invierno.
Él solía comprarle naranjas
para sacar sus pensamientos
del humo y el tráfico
y llevarlos al trópico, en donde
la gente, tanto como el clima,
es calurosa y abierta.
Era para él una cita que le salía barata,
agradecida de que la llevaran a comer a carritos de tacos,
impresionada por aquellos pequeños
detalles y atenciones que le brindaba,
billetes con rostros de hombres blancos
de expresión severa
que se escapan de sus bolsillos.

A nadie realmente le importaba
hasta que el doctor le dijo a mamá
que estaba embarazada.
"¿Que estoy qué?", preguntó ella.
Fue entonces que papi le explicó
de dónde vienen los bebés.
La abuela Tina solía dar a luz
en silencio en la noche de muertos

Nobody Really Cared

when Papi started hitting on the criada,
the big-eyed india
with no parientes
stranded in the States,
who sent all her pennies home,
only keeping enough
for an extra pair of socks,
three scarves wrapped
around her face
like a niqab for winter.
He'd buy her naranjas
to take her mind
from smoke & traffic
to the tropics, where
the people like the weather
are warm and open.
A cheap date, grateful
to be taken to taco trucks,
impressed by the small
attentions he paid her,
bills with white men's
stern faces slipping
from his pockets.

Nobody really cared
until the doctor told Mama
she was pregnant.
I'm what? Mama asked,
then Papi explained
where babies come from.
Abuela Tina used to give birth
in silence in the dead

y mamá vio llegar a seis o más hermanos
agrupados por la mañana
sin nunca cuestionar
los cuentos de cigüeñas.

La familia de papi se volvió republicana
tan pronto como se enteró de esto
y empezaron a decir *cómo pudiste*
después de lo que hemos hecho por ti, ingrata.
A la misma mujer que crió
a sus hijos, que atravesaba
junto con ellos la frontera,
que conocía la sucia ropa interior de todos
tan bien como la forma en que les gustaba la sopa,
lo suficientemente buena para que su hermano
se la cogiera, pero no para casarse con ella.

Nadie se presentó a la boda de mis padres.

La única fotografía que existe de ese día
la tomó el sacerdote que los casó.   En ella el vestido azul de mamá

bosteza sobre su cuerpo delgado como un camisón. Es el mismo azul
de Señorita Libertad que llevaba al salir del agua

y encontrarse con la orilla rebosante del río, mientras mi padre
la sostiene del brazo   con una sonrisa forzada en el rostro.

La primera vez que vi esa foto   pensé que alguien
acababa de levantarlos de la cama.   Yo era demasiado joven entonces

para entender la diferencia entre la mañana y el luto.

of night. Mama saw
six or so siblings born
bundled in the morning
and never questioned
stories about storks.

Papi's family turned republican
once they found out, began
talking bout *after all we have
done for you* and *ingrata.*
The same woman who raised
their children, who crossed
with them at the border,
who knew their dirty underwear,
the way they liked their sopa,
good enough for their brother
to fuck, but not to marry.

No one showed up to my parents' marriage.

The single photograph that exists was taken
by the bishop.   In it Mama's blue dress yawns

over her thin body like a nightgown.   It is the same
blue of Lady Liberty when she first washed up

on the teeming shore   My father keeps her
standing with one arm   a smile forced onto his face.

When I first saw the picture   I thought someone
had just woken them up from bed.   I was too young

to know the difference between morning and mourning.

La llegada de tu primogénito significa pupusas en Brooklyn

Mientras mamá se dirigía al hospital,
papá fue a la pupusería para ordenar
dos revueltas, una de queso con loroco,
y una ronda de cervezas y Kolashanpan
para él y sus compañeros, hombres celebrando
la milagrosa agonía del nacimiento. Mi hermana
recibió el apellido de soltera de mi madre, Amaya,
por lo que años después, siendo niños, supimos
que mamá y papá no estaban casados
cuando ella nació. En una ocasión, antes de que
mi hermano y yo aprendiéramos
el significado de una pregunta apropiada
le preguntamos a papi si amaba a mamá
o si solamente la embarazó y se quedó atrapado.
Él sólo se encogió de hombros y dijo
que su padre le dio principios, educación
para no dejar niños regados, pero que
se enamoró de mamá un día que volvió a casa
después de un turno de muerte y la encontró
meciendo a mi hermana y cantando
Unos inditos somos, hijos de Cuscatlán.
Le preguntamos a mamá cómo fue para ella dar a luz
y nos dijo que llamó a papá para informarle
que su hijo había nacido. Él por su parte aulló
de alegría y ordenó otra ronda más.

The Coming of Your Firstborn means Pupusas in Brooklyn

As Mama headed to the hospital,
Papi headed to the pupusería to order
dos revueltas, una con loroco y queso,
y una ronda de cervezas y Kolashanpan
for he and his co-workers, men celebrating
the miraculous agony of birth. My sister
received Mama's maiden name, Amaya,
so years later, as children, we knew
Mama and Papi weren't married
when my sister was born. Once, before
my brother and I knew anything
about what an appropriate question
was, we asked Papi if he loved Mama
or whether he just knocked her up
and got stuck. He shrugged and said
his father raised him not to leave
children thrown around, but that he fell
in love with Mama after he came home
from a graveyard shift to find her
rocking my sister and singing,
Unos inditos somos, hijos de Cuscatlán.
We asked Mama about giving birth,
and she said she called him to let him know
the child was born. He howls
with joy and orders another round.

Poema donde me pregunto si me estoy riendo demasiado fuerte

Cuando papá bebía demasiado mamá agitaba
      una lata de cerveza y la arrojaba sus pies.

Sé que algunos de ustedes darían lo que fuera por ver
      sus pequeñas muñecas marrones sacudiéndose con fuerza
      y el sonoro silbido, el violento estallido

de la lata haciendo erupción como un pequeño volcán.
      Llámenlo venganza, llámenlo justicia o llámenlo nada más

furia y coraje cuando mamá se jacta
      de haber sacado a papi de la habitación con una escoba.

Yo también quiero presumirla:
      miren a esta mujer pequeña como el sol,

 dura como una moneda a la que nadie puede decir
      que necesita o depende de algún hombre y ya no digamos

de un borracho que termina desmayado en un sofá.
      Podrían haber sido las ocho de la noche
      después de un doble turno, tal vez a medianoche,

tal vez a mediodía, con sus botas de trabajo aún puestas
      o en nada más que calzones. "Por esas cosas

nos peleábamos", decía Mami riendo
      y yo también me río al recordar que solíamos construir

robots con los cartones y cajas de cerveza sobrantes
      y porque acabo de caer en cuenta que los calzones

Poem Where I Wonder if I am Laughing Too Loud

When Papi drank too much, Mami would shake
         a can of beer and throw it at his feet.

I know some of you want to see her
         small brown wrist cock, the hail and hiss

of the can erupting like a mini volcano.
         Call it venganza, justicia, call it nothing

but spunk and fury when Mami brags
         about sweeping Papi out of the room

with a broom. I want to brag too.
         Look at this woman. Tiny as the sun.

Tough as a penny. No one can tell her
         she needs any man, let alone a drunk

passed out on the sofá. It could have been 8pm.
         After a double shift. Tal vez medianoche.

Tal vez mediodía. Still in his work boots.
         In nothing but his calzones. That's why

we used to fight, Mami told me, laughing.
         And I laugh, too, because we used to make

robots out of the leftover boxes of beer.
         Because I just realized calzones looks

like Italian food in English and underwear
         in Spanish. Because I, too, have awaken,

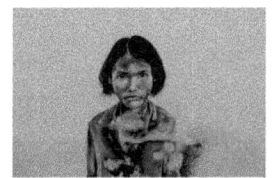

son comida italiana en inglés y en español ropa interior,
        porque yo también he amanecido pegajoso y mojado

con no sé qué carajo asqueado
        por mi propio olor. Yo también he querido

arrojar con fuerza mi dolor al piso y verlo estallar.
        Y no hay nadie que no haya querido nada más descansar

y tomar un poco de licor después de un largo día de trabajo
        excepto, quizás, la mormona de mi madre

para quien la más mínima cantidad de alcohol era ya demasiado
        y forzaba a papi a esconder

sus latas detrás de la tele, debajo del baño,
        en cualquier lado en que pudiera con tal de escapar

de la condena de su mirada y de la lata agitándose en sus
        manos.

sticky and wet with what-the-fuck, disgusted
      by the scent of me. I, too, have wanted

to hurl my hurt onto the floor and watch it burst.
      And who hasn't wanted nothing but rest

and a little liquor after a long day's work,
      except for maybe my Mormona of a mother,

for whom "too much" meant any alcohol
      at all, who forced Papi to hide

his cans behind the TV, under the bathroom
      sink, anywhere to be free from her

damning gaze and the can shaking in her
      hands?

Necesito seiscientos dólares al finalizar este poema

pudiste no haber sido nada
hermano tan sólo otro huérfano
en Soyapango mendigando
en las calles para comprar
una tortilla con queso
los militares pudieron haberte rapado
la cabeza y ponerte en primera fila
para recibir un disparo de los comunistas
así que no olvidés quién te cuidó
como si no hubiera tenido
tres hijos propios a los cuales criar
mirame a los ojos cuando te hablo
y recordá quién te trajo a este país
antes que a sus propios hijos
para que pudieras tener tu buen carro
y tu televisión a color pero en vez de agradecer
mirá cómo me pagás cogiéndote a la niñera
y quitándoles la comida de la boca a mis hijos
necesito seiscientos dólares, hermano
los seiscientos que me debés para el día cinco
y no me digás mentirosa
porque sé que tenés eso y más ahorrado
¿sino cómo te compraste ese reloj brillante que tenés?
está bien andá entonces a decirle a tu sobrino
por qué no habrá comida para él hoy
ni el resto de la semana decile que lo sentís mucho
pero que le diste tu sueldo completo
a la ignorante de tu esposa
para que ella lo desperdiciara
en decoraciones baratas de la tienda de a dólar
ángeles deformes con el culo desnudo
frutas falsas y otras estupideces

I need $600 by the end of this poem

you coulda been nothing
hermano another orphan
in Soyapango begging
on the streets por
una tortilla con queso
the military coulda shaved
your head and put you
front lines to get shot
by communists remember
who took care of you
like I didn't have three
children of my own
look in my eyes when
I speak to you remember
who brought you to this country
before my own children
so you can have your nice
little car color TV and what
do you do fuck the babysitter
take food out my babies' mouths
I need six hundred dollars
by the fifth hermano you owe me
don't call me a liar hermano
I know you have it in savings
how else did you afford
that shiny watch you got
fine then go tell your nephew
why there won't be any food
in a week dile how you're sorry
but you gave your paycheck
to your ignorant wife
so she could waste it on

como elefantes de vidrio en miniatura
andá a entregarle el diez por ciento de tu esfuerzo
a la iglesia para que el sacerdote
inhale cocaína en un club de striptease
andá y decile sin pena
lo que yo mismo le diría en su cara
llamala ya borracho miserable
llamala hermano y dejá de mirarme así
que tenés que estar bien bolo si creés
que podés mirarme como lo hacés
olvidándote de quién te crió
no tenés nada para volver con esa mujer
ni siquiera te ama lo mejor es que te vayás
y no te atrevás a volver a menos que consigás
el dinero o tengás una respuesta
para darles a mis hijos hijo de puta
tenés hasta el día cinco de este mes

Tía Gina, octubre de 1992

dollar store decorations
ugly butt-naked angels
fake fruit & stupid
miniature glass elephants
give ten percent of it away
to the church for the priest
to blow on strip club cocaine
go ahead and tell her
I'd tell her to her face
call her right now you drunk
right now hermano you have to be
drunk if you think you can look
at me like that like you forgot
who raised you got nothing
to go back to that woman you
don't even love you better never
come back unless you got
the money or an answer
for my children motherfucker
you got until the fifth

Tía Gina, October 1992

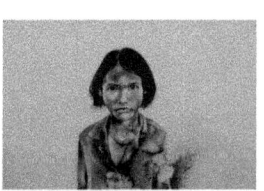

Desalojo

Mamá y yo sabíamos que sólo teníamos un mes antes del desalojo.
                    Y ahí estaba yo, besando mis rodillas
                        en oración durante ocho meses;
                    otra angustia creciendo en su interior.

Mamá con ocho meses de embarazo y trabajando cuarenta horas a la
                                        [semana.

                        Mamá con ocho meses de embarazo,
                cuando papá le dio el mes de renta a su hermana

Mamá limpiando casas ajenas y cuidando niños que no eran suyos
                            para poder ganar dinero y
                                alimentar a niños
                            que tampoco son suyos.
Yo era un pez dorado en una bolsa de plástico arrojado a las manos
                de dos mujeres desesperadas.
                    La aflicción me hacía patear las paredes,

        golpear la cabeza contra su vientre

                        hasta que me mareaba y olvidaba
                            lo extremo que era.

                        Mamá podía sentirme
                    dando vueltas dentro de ella
                        como una moneda
                    evaluando las posibilidades
                que tenía de terminar en las calles
a principios del invierno con un recién nacido
pidiendo leche y dos niños más
demasiado pequeños y con mucho frío

Eviction

Mama & I knew we only had one month before eviction.
                                        Me, kissing my knees
            in prayer for eight months, another heartache growing inside

Mama, eight months-pregnant & working forty-hour weeks.
                                    Mama, eight months-pregnant
                    when Papi gave the month's rent to his sister.

Mama, cleaning houses & raising children who are not her own
                                    to make money to feed children
                                            who are not her own.
I was a goldfish in a plastic bag thrown between the hands
                of two desperate women.
                                        The grief made me kick walls

        bang my head against her belly

                                    until me mareé & I forgot
                                        which end was which.

                                    Mama felt me flip inside her
                                    like a coin, counting the chances
                                    she had of ending up on the streets

early winter with a newborn
begging for milk & two more
too young & too cold but not
        too young & too cold   to understand. She counted the chances
                                    I would come out sick, a grief that sticks
            like snow   to the window until the whole glass
                                            is covered in white.

pero no tan pequeños o congelados   como para comprender lo
[que pasaba.
Mamá pensó en las posibilidades
que tenía de terminar enfermo
y una profunda pena se adhirió entonces a ella
como nieve   a la ventana hasta que el vidrio entero
quedó cubierto de blanco.

Como el terror, nací en la muerte
de una noche de insomnio. Tuvieron que sacarme
a punta de cuchillo y jalándome de los tobillos.

Like terror, I was born in the dead
      of a sleepless night. I had to be dragged
            out at knifepoint by the ankles of my feet.

Debí haber sido Felipe Amaya

Esa misma tía que llamó a mamá una *india fea e ignorante, ingrata
y desagradecida* me puso por nombre *William*, uno que mamá
escribiría con faltas de ortografía en los pasteles de cumpleaños,
pero que encaja limpiamente en la boca de toda persona blanca
que he conocido. Un nombre capaz de estrechar la mano
de cualquier Johnny pero que nunca me reflejaría a mí en el espejo.
La tía quería que todos supieran que yo pertenezco a este país; mire,
señor, puedo hablar inglés igual que usted, si me ve limpiando
el parabrisas de un Bentley, es porque soy el dueño de ese Bentley,
señor, y si le pido dinero del alquiler es porque yo soy el dueño
del edificio, señora. Para cuando cumplí los doce las chicas adolescentes,
las irrefutables señoras de ese reino que era nuestra escuela
me bautizaron como *Willy* y ese nombre se quedó porque soñaba
con probar "la blanca nectarina de sus cuellos". Nunca quise
ser *William*, de todos modos. Si me preguntan quién es él les diré
que es un vendido incapaz de pronunciar su propio nombre
y cuya propia madre finge que no está en casa cuando él toca la puerta;
para mí es mejor ser Willy, como Rodríguez, como Colón,
como Perdomo. Puedes volver a casa siendo Willy Palomo.

Déjenme decirles que si mamá no hubiera estado cansada de tanto luchar
por un poco de dinero, es muy probable que me hubiera puesto el nombre
de su padre, Felipe. Así me habría llamado de no haber existido tantos
hoyos en la pared y botellas estrelladas en el contador. Y los maestros
hubieran pasado lista en la escuela temerosos de ese muchacho huraño
y moreno sentado hasta el fondo del salón que siempre levantaba la mano
clavándoles una mirada muerta y les hacía preguntas sobre el otro lado
de la historia. Felipe es un hombre de manos fuertes y callosas con un agarre
capaz de arrancar las raíces más aferradas a una roca, de extraer un vigoroso
chorro de leche grasa de la ubre más hinchada y atrapar peces con nada más
que una camisa como red. Felipe es el nombre de un sobreviviente
que solo cojea porque hombres del batallón Atlácatl le pasaron por encima
con un vehículo y ni así pudieron matarlo. Si es un mojado, es el que se quedó

Shoulda been Felipe Amaya

The same Tía who named Mama *una india fea y ignorante,*
ingrata y desagradecida named me William, a name Mama
would misspell on birthday cakes but fits cleanly in the mouth
of every white person I have met. A name that could shake
Johnny's hand but never look at me in the mirror. Tia wanted
people to know I belong here. Look, I can speak English
just like you do, mister. If I am wiping the window of a Bentley,
it is because I own the Bentley, sir. If I am asking you for rent
money, it's because I own the building, madam. By twelve,
teenage girls, the irrefutable lords of our middle school kingdom,
christened me *Willy,* and it stuck because I had dreams of biting
into "the white nectarine of their necks." I never wanted *William*
anyway. If you asked me, he was a sellout, who can't pronounce
his own name. When he's at the door, even his Mama pretends
she ain't home. Better be Willy, like Rodríguez, like Colón,
like Perdomo. You can come back home as Willy Palomo.

I'm telling you, if Mama wasn't ass-tired from fighting
over money, she would have named me after her father,
Felipe. It'd be my name if there wasn't already too many
holes in the wall and broken bottles shattered against
the counter. Teachers would have called roll in fear
of the sullen brown boy in the back of the classroom
who always raised his hand and looked them dead
in the eyes when he asked questions about the other
side of history. Felipe is a man with strong, calloused
hands, a grip that could rip a root shackled in rock,
shoot a steaming stream of milk fat from swollen
udders, catch a fish with nothing but a shirt as a net.
Felipe is the name of a survivor, who only limps
because men from Atacatl's battalion ran him over
with a car and still couldn't kill him. If he's a spick,
he's the spick that stole your job, fool. He's the spick,

con tu trabajo, idiota. Es el mojado que está hablando con tu esposa en este momento y ni siquiera lo sabes. Yo sigo buscando a Felipe, perdido en los campos de maíz. La tía tenía razón, mamá, venimos de una marabunta de indios locos e ignorantes, feos y desagradecidos. Debería haber sido Felipe para demostrárselo—para probar que tenía razón.

Después de Patricia Smith

talking to your wifey right now and you ain't even know.
I'm still searching for Felipe lost in fields of maiz.
Tía was right, Mama, we come from una marabunta
de indios locos y ignorantes, feos y desagradecidos.
Shoulda been Felipe to prove it to her—to prove her right.

After Patricia Smith

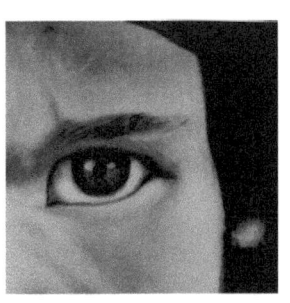

CANCIONES DE CUNA

It is not this nation that fed me.
My mother fed me.
She bled dollar bills to feed our family.

Karina Oliva Alvarado, "I've Been Told That Without You, I'd Be Nothing,"

Canción de cuna

Unos inditos somos, hijos de Cuscatlán...

Mamá solía cantarme esta canción de cuna cada vez que lloraba cuando era bebé. Nunca la he escuchado en otra parte y ella no puede recordar la letra, pero a veces, cuando no puedo dormir balbuceo su melodía hasta caer. Mamá nunca fue buena para cantar. Su voz rompe bruscamente en casi todas las notas, y titubea con incertidumbre, llena de una tierna vulnerabilidad que se pierde en su boca. Por años la vi tarareando himnos en las reuniones sacramentales, sus ojos analfabetos, fijos en el texto y tartamudeando mientras se esforzaba por leer y cantar al mismo tiempo. Siempre parecía que el pianista era quien la interrumpía. El piano no sabía cómo debería sonar una oración. Mamá sostiene La Biblia como se sostiene una canción en el pecho, poniendo énfasis en palabras como *hijo* y *Dios*. Apenas puede pronunciarlas, pero sabe lo que significan. Esas palabras tiemblan dentro de ella, como una verdad de ojos rojos, una herida húmeda como cereza. Lo escucho cuando reza por las noches y en especial cuando lo hace por mí.

Canción de Cuna

Unos inditos somos, hijos de Cuscatlán...

Mama used to sing me this lullaby whenever I cried as a baby. I have never heard it elsewhere and she can no longer remember the words, but sometimes, when I can't sleep, I mumble her melody until I'm out. Mama was never good at singing. Her voice breaks sharp on almost every note, wavering bold and uncertain, full of a soft vulnerability, lost inside her mouth. For years, I watched her hum himnos at sacrament meetings, her illiterate eyes darting over the text, stuttering, struggling to read and sing at the same time. It always felt like the pianist was the one interrupting her. The piano didn't know what a prayer should sound like. Mama holds La Biblia the way you hold a song in your chest, mouthing words like *hijo* and *Dios*. She can barely sound them out, but she knows what they mean. Those words quake inside her, a red-eyed truth, a cherry-wet wound. I hear it when she prays at night, especially when it's for me.

Cómo aprendí a leer

¿A dónde ha ido mi mamá? preguntaba el pajarito
bebé de nuestro libro favorito.
Como un can mimado ahora quiero alardear,
decirte que ella me leía más a mí que a nadie cada noche,
excepto que, si le preguntas a ella,
fue la fe, no la educación ni el conocimiento sino el
gran Espíritu Santo, el que le dio el poder para entender las escrituras
cuando ella,]
humillada, confesó a los misioneros que no sabía leer. Nunca
imaginé sino hasta ahora que si lo que me ha contado sobre ella es
justo; entonces no me leyó nada de nada en mis épocas del
kínder. Me imagino que debió haber visto
las letras sin encontrar otra cosa que un laberinto
más hecho de calles y señales, otro mapa sin nombre de Nueva York que
tuvo que aprender a]
navegar por pura fe e instinto, interpretó esos dibujos del mismo modo
en que veía otras]
ñoñerías gringas o memorizaba señales
oscuras de camino a su trabajo. Durante el
primer grado, me propuse enseñarle a leer, y en frente a sus invitados
quité todos los libros de los estantes,
regando una biblioteca de pena en el piso, corrigiendo su inglés como corregía
sus cuentos infantiles, de la misma forma en que escribo ahora su historia
bajo en un español]
torpe que nunca sentirá como su hogar, y es que no hay
una palabra que describa su verdad, sin importar cuántas
veces intente escribirla o en qué idioma lo haga, I can´t
write it down. Oriunda de un país de poetas ejecutados marcados sólo con una
X, en el que alfabetismo significaba poco más que firmar tu nombre
yuxtapuesto a una equis, ella me enseñó cómo caminar sin
zapatos, a leer sin un alfabeto que encadenara mis lenguas.

After Javier Zamora

How I learned to read

¿Are you mi Mama?
beckoned the birdie in our favorite book.
Cuddled and coddled, I want to brag,
decirte that she read to me the most,
every night. Except if you ask Mama, it was
faith, not education, not knowledge, but the Holy
Ghost which gave her the power to understand the scriptures, when she,
humiliated, confessed to the missionaries she didn't know how to read.
It never occurred to me until
just now that if her story is true, then she never actually read me
anything as a]

kid. She must have looked at
letters & saw nothing but another endless
maze of streets & signs, another
nameless map of New York, left to navigate
on pure faith and instinct. She'd interpret
pictures the same way she'd memorize streets the same way she'd read
quiet gringos, smirking as she passed. In 1st grade, I made it my goal
to teach her to]

read. I took out all our books in front of guests,
spilling a library of shame into the room. I'd correct her English
the same way I'd correct her children's stories the same way I now write
her story]
under a language she will never call home. There's not a word for her
verdad in English, no matter how many times I try
write it down. From a country where poets are
executed & literacy meant little more than signing away
your name next to an X, she taught me to walk without
zapatos, to read without an alphabet shackling my tongue.

After Javier Zamora

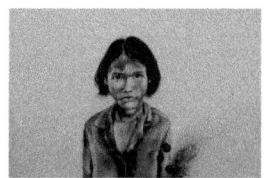

Sopa de pata

caldo del color de la sangre   rojo-marrón
de un tiro en el ojo   su insomnio hierve   grasa y hueso
yuca y tripa

hueso   la pata de vaca   nudillos descarnados un dolor tierno
en tu mandíbula   un glaciar macabro para chupar
sucio como una luna   que flota oscura en tu plato

yuca   raíz despiadada   piel llena de cicatrices agrietada como la
[inmortal
espalda de Gordon   tan resistente que hay que cortarla
con cuchillo de carnicero   carne que se vuelve suave y pastosa
únicamente en el aterrizaje tempestuoso del caldero hacia el
[estómago
pesada como una mentira   la parte más sustanciosa
de la comida tan sólo unos bocados bastan para matar
[cualquier hambre

tripa   la entraña   donde se siente cada dura y cruel verdad   llena de
mierda   lavada   tallada y hervida tres veces hasta quedar blanda
tomando tres ollas de agua para limpiar la esponja del vientre
pálida como gusanos   pequeña como lenguas cortadas

todo se cocina con plátanos zanahoria y ayote
y se sirve al mediodía en los días de verano en que las moscas se ahogan
al aterrizar en nuestros cuellos, comida a la que solíamos hacer muecas
[como niños ingratos
ante el sacrificio de nuestros padres

sopa de pata

Sopa de Pata

broth the color of thin blood   the red-brown
of a shot eye   its insomniac boil   fat with bone
yuca & tripa

bone   the cow's foot   a fleshless knuckle   tender ache
         in your jaw   grisly glacier to suckle   dirty as a moon
         floating dark in your bowl

yuca   ruthless root   skin scarred cracked as Gordon's
         immortal back   root so rugged you gotta hack it apart
         with a butcher's knife   flesh made soft & starchy
         only in the cauldron's tempest-temperature   landing
         in your stomach   heavy as a lie   the most filling part
         of the meal   only a few bites will kill any hunger

tripa   the gut   where every troubled truth is felt   ripe
         with shit   scoured scrubbed & thrice boiled soft
         three pots of water abandoned to clean the belly sponge
         stringy meat   worm-pale   small as cut tongues

all cooked with platanos zanahoria y ayote
served at noon on summer days where the flies drowned
landing on our necks   the meal we would grimace
at as children   ungrateful for the sacrifices of our parents

sopa de pata

         you raw ritual   you taught me
         how to lick clean   every bowl & bowel
         how to swallow   even the sour
         the bitter aftertaste   of every lover

tú, crudo ritual,   me enseñaste
a limpiar con la lengua cada cuenco e intestino,
incluso a tragar hasta lo agrio, el regusto amargo
            de todo amante

sopa de pata

intentaste ahogarme una vez
cuando era niño, con un suave trozo
de tripa atrapado en mi garganta
y mientras me ahogaba sin poder hablar
llamaba a mamá sin que me escuchara
hasta que golpeé la mesa con mis manos
y entonces ella me levantó
de la silla y golpeó mi espalda con su palma
hasta que expulsé en medio de la tos un bocado
de tu tripa blanca, que quedó en el piso de la cocina
húmedo y sombrío como una babosa.

Me quedé sin aliento limpiando las lágrimas de mis ojos
        y le pregunté a mamá si podía retirarme.
Ella me miró directamente a los ojos y me dijo "no, hijo,
        no desperdiciamos la comida en esta casa".

sopa de pata

> you choked me once
> as a child   a soft rope
> of tripe trapped   in my throat
> i gagged & soundlessly called
> out for Mama but she couldn't hear me
> until i clapped my hands
> on the table   she lifted me
> from the chair & pounded
> my back with her palm
> until i coughed out a mouthful
> of your white gut   onto the kitchen floor
> wet & grim as a slug

i gasped for breath   wiping tears from my eyes
         & asked Mama if i could be excused
she looked me straight in the eye & said no
         we don't waste food

Las manos de mamá

limpiaban los inodoros hasta que podía ver mi cara reflejada al orinar,
hasta que sus abrazos olían a goma y lejía. Sus nudillos
son más duros que los de mi padre, más duros que cualquiera
cosa detrás de un basurero con botas Timberland y un bate de metal.

A los nueve años el sonido de su auto saliendo de la cochera
me despertaría por la mañana. Su turno terminaba
a medianoche, así que, a la hora de acostarme, sacaba todos mis juguetes
y la esperaba jugando con mis dinosaurios en el sillón.

Sin embargo, el amanecer llegaba con el ruido de su
motor. *Lo siento, mamá,* decía pestañeando y enrollándome
más y más en mis sábanas, *pero no puedo respirar y mantener
mis ojos abiertos al mismo tiempo. Perdóname,* decía mientras aplastaba

caracoles después de la escuela, *por no quererte lo suficiente
para esperarte despierto.* Pero cuando volvía la noche bostezaba,
volvía a sacar mis triceratops y me juraba a mí mismo que la vería
antes de dormir. Pensé que nunca lo lograría.
                         Entonces, una noche
la puerta se abrió como una promesa,
con la luz detrás de su cabeza oscureciendo su rostro
mientras me levantaba entumecido del sofá. Me retorcí,
tal vez logré sonreír, mientras su mano

acariciaba el lado izquierdo de mi cara—áspera.

Mama's hands

scrub toilets until I can see my face when I piss,
until her hugs smell only of rubber & bleach. Her knuckles
are rougher than my father's, tougher than anything
behind a dumpster with Timberlands and a metal bat.

At nine-years-old, the sound of her car leaving the garage
would wake me up in the morning. Her shift ended
at midnight, so at bedtime, I would take out all of my toys
to wait for her and play with dinosaurs on the couch.

But the morning would come with the crank of her
engine, again. *I'm sorry, Mama,* I'd blink, knotting
myself deeper into my sheets, *but I couldn't breathe
& keep my eyes open at the same time. I'm sorry,* I'd stomp,

crushing snails after school, *I didn't love you enough
to stay awake.* When night came again, I'd yawn,
pull out my triceratops, and vow to see her before
bed. I thought I would never make it.
                                        Then, one night
the door broke open like a promise, the light behind her
head darkening her face as she lifted me numb
from the sofa. I twitched, maybe managed a smile,
as her hand stroked the left side of my face—rough.

Los pulmones de mamá

En el infierno mamá limpia
una ventana interminable
bajo el reloj

de diminutas mujeres blancas.
Resulta imposible
dejar al vidrio sin manchas,

limpiar sin dejar atrás
algo pegajoso, sobre lo
que las moscas lleguen a alimentarse.

Ella frota y frota sin parar
hasta que sus manos
quedan en carne viva y su cara

queda flotando muerta
como un pez fosilizado en piedra.
Los pulmones de mamá

están empapados de amoniaco,
retorcidos sobre el borde de
un balde, inútiles y sin valor alguno

como la vacía promesa
de un predicador. Cada vez
que ella aprieta uno de sus pulmones

el pus brota húmedo a través
sus dedos, su ácido marca
un lento ahogo en su mano.

Mama's Lungs

In hell, Mama cleans
an endless window
under the watch

of tiny white women.
It is impossible
to get the glass spot-free,

to wipe without
leaving something sticky
for flies to suckle.

She scrubs and scrubs
until her hands raw
and her face floats dead

as a fish fossilized in stone.
Mama's lungs
are soaked in ammonia,

twisted over the side
of a bucket. Worthless
as a preacher's promise.

If she squeezes one lung
tight, pus wheezes
wet through her fingers,

its acid brand a slow
choke in her hand.
This is her worst

Este es el peor momento.
Una vez me platicó
        que en cierta ocasión una mujer blanca,

la hizo tallar durante dos días enteros
        el mismo ventanal,
extenso e invisible, insistiendo

        en que estaba sucio.
Debe haber visto en él
        alguna cosa fea

que mamá no podía:
        tal vez marcas de dedos,
ácaros, motas de polvo,

        o la suciedad de su propio reflejo.

moment. She told me.
        For two whole days,
a white woman once

        made her scrub the
same wall of window
        invisible, insisting

it was filthy. She must
        have seen some ugly
Mama could not:

        finger smudges,
dust mites, her own
        unwashed reflection.

Regreso a casa

En los últimos días de vida de la abuela Tina
le daba por irse de la casa por horas, caminando
kilómetros enteros por senderos de tierra.
Me la imagino tal vez murmurando o cantando
aunque la mujer de labios finos rara vez me dijo
algo. Ella prefería abrazarme, poner sus manos
presionadas contra mis sienes, y darme besos
tan débiles que ya no puedo recordarlos. Pero
sí que cada vez que alguien moría en las noticias
o en una película se quejaba de ello con mi madre.
Una vez, conduciendo por la autopista, mi padre
señaló con el dedo un pastizal y declaró *Soy dueño
de todo aquello hasta donde sus ojos alcanzan a ver*
y ella le creyó. La recuerdo en otra ocasión tirando
puñados de agua de un arroyo sobre la cara, gimiendo
alegremente mientras pasaban los blancos.
Hasta donde yo alcanzaba a entender no hacía otra cosa
que dormir y hacer tortillas. Mamá tomó un avión
a El Salvador para estar presente en su lecho de muerte.
A su regreso me contó la historia de una mujer inquieta
a la que un primo persiguió hasta quedarse sin aire
y llevarla de regreso a casa. A la mañana siguiente
despertó murmurando *este no es mi hogar.*
¿Dónde está su hogar?, le preguntaron, y comenzó
a hablarles de su casa en San Agustín, años antes
de la guerra, antes de que la mitad de ellos naciera.
Al igual que la abuela, yo quisiera regresar a algo
que me pertenezca; de hecho, a estas alturas
yo debería haber muerto ya para clavar mis huesos
en el suelo como crucifijos y reclamarlo como mío.

Homecoming

The last days of Abuela Tina's life
she would leave the house
for hours, walking miles
down dirt roads. I imagine
her murmuring or singing,
although the thin-lipped woman
rarely said anything to me.
She would embrace me, hands
clasped around my temples,
her kisses so faint I cannot
remember them. On the news
or in a movie, a man would die
and she would complain to my mother.
Once, driving down the freeway,
my father pointed at a mountain
pasture and declared, *I own*
everything as far as your eye
can see, and she believed him.
Once, she threw handfuls of water
over her face from a stream, moaning
gleefully as white people passed.
As far as I could tell, she only slept
and made tortillas. Mama flew
to El Salvador to watch her die.
When she returned, she told
the story of a restless woman.
A breathless cousin chases her
and brings her back to the house.
The next morning she wakes up
murmuring, *this is not my home.*

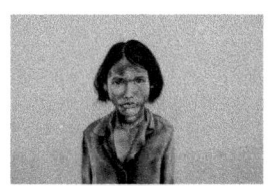

Los soldados vaciarían cargadores enteros disparándole a mi fantasma y yo derramaría cascadas enteras de tierra sobre mi cara y reiría.

¿Where is your home? they ask,
and she tells them about San Agustín,
years before the war, before half of them
were born. Like Abuela, I want to return
to something that belongs to me. I should
have died by now to stick my bones
in the ground like crucifixes and reclaim it
as mine. Soldiers would fire slugs
at my ghost, and I would pour streams
of dirt over my face and laugh.

Donde encontramos la lengua de mamá

Jiquilisco, 2011

y los gecos lanzaban besos
      mientras resonaban sus patas pegajosas
           a lo largo del tejado de aluminio

y la noche, azul como venas
      varicosas, llovió,
           resbalando por nuestras piernas

y los muros. la hamaca
      se sacudía como una nube
           de zancudos borrachos, con los ojos hinchados

y succionando el sudor
      de nuestras frentes
           mientras yacía inquieto

y le pregunté a mamá
      ¿cómo fue posible que nunca
           nos contara acerca de el salvador

y la guerra, la sangre
      que dejamos derramada,
           despreciada en otro país?

y antes de que ella pudiera romper
      nuestro silencio de dieciocho años
           mi pregunta enganchó sus labios

Where We Find Mama's Tongue

Jiquilisco, 2011

& the geckos blew kisses,
      popping their sticky legs
            along the aluminum ceiling

& the night, blue as
      varicose veins, rained,
            trickling down our legs

& the walls. the hammock
      swayed like a cloud of
            drunken zancudos, fat-eyed

& sucking the sweat
      off our foreheads
            while i lay restless

& asked mamá ¿how
      come she never told
            us about el salvador

& la guerra, the blood
      we left spilled, spurned
            in another country?

& before she could break
      our eighteen-year-old silence,
            my question hooked her tongue

y su lengua como a los de un pez.
    ella calló y no dijo nada en lo absoluto.
        durante largos años estuve esperando

y ahora nada.
    toda mi estúpida vida
        anhelé obtener respuestas

y de nuevo otro geco
    salió huyendo con su lengua,
        temí que si lo capturaba

y lo aprisionaba en mis manos
    lo aplastaría, y terminaría descubriendo
        un veneno que no podría soportar

y luego, después de toda una vida
    de silencio el sonido de la lluvia empezó
        a retumbar entre las hojas

y la noche se rompió
    en suaves truenos
        y entonces ella me habló.

& lips like a fish.
  she said nothing.
    i waited for years

& now nothing.
  my whole stupid life
    i longed for answers

& again another gecko
  ran off with her tongue.
    i feared if i caught it

& trapped it in my hands,
  i would crush it, discover
    a venom I could not bear.

& then, after a lifetime
  of silence, the rain began
    to rumble down the leaves

& the night broke
  into soft thunder
    before we spoke.

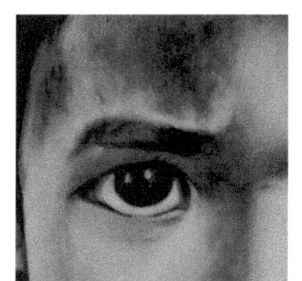

CÓMO DAR A LUZ A MI MADRE

Cosas que nunca le contaré a mi madre

mamá

te he escrito un libro
que nunca vas a poder leer;
no sé si lo escribí más para ti
o para mí pero aquí está

es la razón
por la que te hice sufrir tanto
es la razón
por la que no contesté
tus llamadas
allá lejos en el eterno
invierno de indiana
emborrachado
cantando estupideces
a medianoche

he perdido muchos amores
por escribir este libro
he perdido tiempo y dinero
fe y sueño
¿me creerás si te digo
que casi me morí?

no sabía una mejor
manera de amarte
no supe otra manera
de darte a luz

*

Things I will never tell my mother

mamá

te he escrito un libro
que nunca vas a poder leer
no sé si lo escribí más para ti
o para mí   pero aquí esta

es la razón
por la que te hice sufrir tanto
es la razón
por la que no contesté
tus llamadas
allá lejos en el eterno
invierno de indiana
emborrachado
cantando estupideces
a medianoche

he perdido muchos amores
para escribir este libro
he perdido tiempo y dinero
fe y sueño
¿me creerás si te digo
que casi me morí?

no sabía una mejor
manera de amarte
no supe otra manera
de darte a luz

*

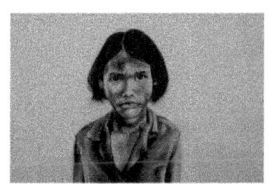

no sé si alguna vez podré contarte
todo lo que me ocurrió en indiana
de los hombres y mujeres
que me besaron en lugares
a los que nunca regresé
que todo lo perdí a manos de una mujer
que no supe cómo rechazar   en verdad no sé
si alguna vez te contaré por qué
no te llamé durante meses
por qué amarré un cinturón alrededor de
mi cuello y tiré con fuerza
hasta dejar de sentir el dolor
pensé que así sería mejor
que llegándome así la muerte
sería menos doloroso
para ti que mi propia vida
caí al suelo   pedí ayuda
y una de tus madres
oyó mis ruegos y los respondió
era una matriarca de más de dos metros
que con un rostro inexpresivo me dijo:
yo te concederé la vida

*

mamá

perdóname

he escrito un libro para ti
que nunca serás capaz de leer

¡qué pena!
¡qué vergüenza!
¡qué espejo tan feo!

i dont know if ill ever tell you
what happened in indiana
the men and women
who kissed me in places
i have never gotten back
all i lost to a woman i didnt know
how to push away   i dont know
if ill ever tell you why
i didnt call for months
why i tied a belt around
my neck & pulled
until i no longer felt any pain
i thought it would be better
that way   that my death
would be less painful
for you than my life
i fell to the floor
begged for help
and one of your mothers
responded to me
a seven-foot-tall matriarch
with an expressionless
face told me
yo te concederá la vida

                  *

mamá

perdóname

i have written you a book
you will never be able to read

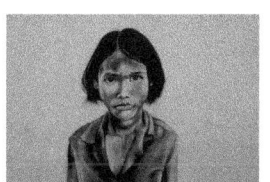

sobreviviste una guerra entera
y todo para que yo cometa estos estúpidos errores

gracias a ti
puedo despertarme tarde
comer hasta hartarme
hacerle bromas a mi hermano
amar como una puta
y escribir tonterías
para aliviar el dolor
de los demás, sí, pero, sobre todo
para poder amarme a mí mismo.

aún me falta conocer a un solo hijo
procedente de una familia de inmigrantes
que se considere a sí mismo digno
del sacrificio de sus padres

aquí estoy de todos modos
malcriado en el mejor de los casos

madre mía, no existo,
sólo soy una mala silueta suya

*

nada te puede preparar
para la muerte de tu madre

tú misma me lo dijiste

mientras volvías a poner
la canción preferida de la abuela Tina
esa misma que tarareó día tras día

¡qué pena!
¡qué vergüenza!
¡qué espejo tan feo!

you survived a whole war
for me to make these stupid mistakes

because of you
i can wake up late
eat myself sick
prank my brother
love like a ho
write silly things
to ease the pain
for others but mostly
so i can love myself

i have yet to meet a single child
from an immigrant family
who deems themselves worthy
of their parents' sacrifice

aquí estoy anyway
malcriado at best

mama mía no existo
solo soy una mala silueta suya

*

nothing can prepare you
for the death of your mother

you told me yourself

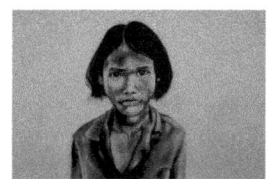

antes de que caer en sí misma
para siempre

así es como te recordaré yo:
un inextinguible suspiro de luz

no la mayor de tus hermanas
pero sí la primera a la que llamamos

no como la primera que logró cruzar la frontera
pero sí la primera en reportarse y enviar dinero de regreso

antes de que partieras hacia los estados unidos
tu padre te puso las manos en la cabeza
y te bendijo diciendo que tu destino
era brindarle a tu familia la salvación
sacarnos de la pobreza

en ese entonces
nuestra familia se estaba muriendo de hambre
en esa época
tenías tan sólo diecisiete años

ahora tienes cincuenta y cinco
eres abuelita de tres nietos
y más vienen en camino

tras la partida de la abuela tina
te vi claramente por vez primera

nuestro puente y ladrillo
nuestro cemento y matriarca

nuestro corazón nuestro hogar y timón
y la siguiente en la fila

as you hit replay
on abuela tina's favorite song
the one she hummed for days
before she fell into herself
for good

this is how i will remember you:
an unquenchable gasp of light

not the eldest of your sisters
but the first we call upon

not the first to make it across the border
but the first to call and send money back

before you left for the united states
your father put his hands on your head
and blessed you   said you were destined
to bring salvation to our family
to lift us out of poverty

at the time
our family was starving
at the time
you were seventeen

now you are fifty-five
abuelita to three grandchildren
and more on the way

with abuela tina gone
i saw you clearly for the first time

our bridge & brick
our mortar & matriarch

*

nada te puede preparar
para la muerte de tu madre

pero tuve mucha práctica
orando por ti en las últimas

horas de la noche   he tocado
tu mano tiesa en la cama

del hospital   te he cargado
desmayada en mi asicnto

de pasajero   hasta un helicóptero
te he llevado   volando

en contra de la muerte
has sobrevivido tantas

cosas que cualquiera
que lea este libro

pensará que sos invencible
pero no   no sos salvador

ni luz eterna   ni matria
sos mi mamá

our heart our hearth & helm
& next in line

*

nada te puede preparar
para la muerte de tu madre

pero tuve mucha práctica
orando por ti en las últimas

horas de la noche   he tocado
tu mano tiesa en la cama

del hospital   te he cargado
desmayada en mi asiento

de pasajero hasta un helicóptero
te he llevado   volando

contra de la muerte
has sobrevivido tantas

cosas que cualquiera
que lea este libro

pensará que sos invencible
pero no   no sos salvador

ni luz eterna   ni matria
sos mi mamá

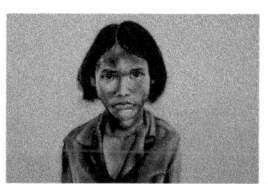

NOTES, ACKNOWLEDGEMENTS, BIO & BLURBS
NOTAS, AGRADECIMIENTOS, BIOGRAFÍA Y OPINIONES

NOTAS

"Sobre el mito de Santa Tecla" de Elena Salamanca se publicó por primera vez en 2011 como parte del compendio *Peces en la boca* de la Editorial Universitaria en San Salvador y posteriormente por Editorial Literal en Ciudad de México en el año 2013. Me encontré con este poema en el libro *Teatro bajo mi piel: poesía salvadoreña contemporánea / Theatre Under My Skin: Contemporary Salvadoran Poetry*, editado por Tania Pleitez Vela, Lucía de Sola y Alexandra Lytton Regalado y publicado por Editorial Kalina en San Salvador en el 2014.

"Canción de cuna" y "La llegada de tu primogénito significa pupusas en Brooklyn" incluye un fragmento de la letra de una canción tradicional del folclor salvadoreño titulada "Caña de azúcar", interpretada por Los Izalqueños: https://www.youtube.com/watch?v=2g7rBtNHYkE

El libro de cuentos que se menciona en "Cómo aprendí a leer" es *Are You My Mother?* (¿Eres tú mi madre?) de PD Eastman, y este mismo poema está basado a su vez en "How I learned to walk" (Cómo aprendí a caminar) de Javier Zamora.

"Debí haber sido Felipe Amaya" está inspirado en "Shoulda been Jimi Savannah" (Debí haber sido Jimi Savannah) de Patricia Smith.

"Cosas que nunca le contaré a mi madre" está inspirado en el poema "Things I Could Never Tell My Mother" (Cosas que nunca podría decirle a mi madre) de Aaron Smith.

A pesar de que me he tomado libertades metafóricas obvias al describir las experiencias particulares de mis padres y otros familiares en varios de mis poemas, todo lo relatado en ellos es completamente verídico. No obstante, consigno a continuación los hechos que alteré con motivos artísticos, incluyendo las fechas de los sucesos y los nombres de los lugares en que ocurrieron:

Notes

"Sobre el mito de Santa Tecla" by Elena Salamanca was first published in *Peces en la boca* by Editorial Universitaria in San Salvador, 2011 and then by Editorial Literal in Ciudad de México, 2013. I first encountered the poem in *Teatro Bajo Mi Piel: Poesía Salvadoreña Contemporánea / Theatre Under My Skin: Contemporary Salvadoran Poetry*, edited by Tania Pleitez Vela, Lucía de Sola, and Alexandra Lytton Regalado and published by Editorial Kalina in San Salvador, 2014.

"Canción de Cuna" and "The Coming of Your Firstborn Means Pupusas in Brooklyn" feature a lyric from the Salvadoran folkloric tradition: "Caña de Azúcar" by Los Izalqueños: https://www.youtube.com/watch?v=2g7rBtNHYkE

The storybook referred to in "How I learned to read" is *Are You My Mother?* by PD Eastman. "How I learned to read" is after "How I learned to walk" by Javier Zamora.

"Shoulda been Felipe Amaya" is after "Shoulda been Jimi Savannah" by Patricia Smith.

"Things I will never tell my mother" is after Aaron Smith's "Things I Could Never Tell My Mother."

While many of these poems take obvious metaphoric liberties portraying the experiences of my mother, my father, and other family members, the experiences recounted in the poems are completely true. Below I include the moments, however, where I altered fact for artistic purposes. Place names and dates can also be found below.

The poems between "Survival Story" and "El Hombre Machete" happened in Los Cañales, a small canton near El Jicaro in San Agustín, El Salvador.

Los hechos comprendidos entre "Una historia de supervivencia" y "El Hombre Machete" tuvieron lugar en Los Cañales, un pequeño cantón localizado cerca de El Jícaro en San Agustín, El Salvador.

En la segunda parte del poema "Desvanecimiento con vacas, un interrogatorio y un asesinato" los nombres de los personajes y un detalle en particular fueron modificados para mayor tranquilidad de mi madre.

Todos los hechos narrados en el poema "El Hombre Machete" son verdaderos, y yo tenía veinte años cuando me contaron la historia por primera vez.

Los hechos que narro en "Los brazos de mamá" tuvieron lugar en un autobús en ruta entre Berlín, Usulután y Las Ceibas, San Agustín en 1979.

Los hechos narrados en "Oración para el Abuelo" ocurrieron en Los Cañales, San Agustín en 1978.

En el terreno que se le dio a la familia de mi madre, que menciono en "Mateo 25:40" crecía ajonjolí y no izote; por su parte, todo lo narrado en "Después de perder San Agustín, después de encontrar el izote" es verídico; aunque no se le entregó un puñado de frijoles a la familia para que desayunara sino una pequeña porción de plátanos fritos. Todo lo transcurrido entre los poemas "Mateo 25:40", "Después perder San Agustín, después de encontrar el izote" y "Marcos 6:41-42" ocurrió en Jiquilisco, Usulután en 1980.

"El testigo" se desarrolló en La Quebrada Seca, San Agustín en 1980 antes de que la familia huyera a Jiquilisco.

Escribí originalmente el poema "Tía Tere como Sipakti Talteguyu: una violación grupal en seis partes" antes de conocer los detalles más íntimos del rapto y tortura de mi Tía Tere, que fue secuestrada de su casa en San Agustín, en 1979. Ella me contó inicialmente una versión breve de

"Blackout with Cows, an Interrogation, and a Murder": in the second part of the poem, names and one detail were changed for my mother's comfort.

"El Hombre Machete": the entire poem is true, except I was twenty when I first heard the tale.

"Mama's Arms" took place on a bus in route from Berlin, Usulután to Las Ceibas, San Agustín in 1979.

"Prayer for Abuelo" took place in Los Cañales, San Agustín, 1978.

"Matthew 25:40" and "After Losing San Agustín, After Finding Izote": the terreno given to my mother's family had stalks of ajonjolí and not izote. In "Matthew 25:40" and "After Losing San Agustín, After Finding Izote," the family were not given a handful of beans for breakfast but ate a small portion of fried bananas. The action in "Matthew 25:40," "After Losing San Agustín, After Finding Izote," and "Mark 6:41-42" took place in Jiquilisco, Usulután, 1980.

"Witness" took place in La Quebrada Seca, San Agustín in 1980 before the family fled to Jiquilisco.

"Tía Tere as Sipakti Talteguyu: A Gang Rape in Six Parts": I originally wrote this poem before I knew the intimate details of my Tía Tere's abduction and torture. Tía Tere told me a brief version of the story and asked me to share it. Later on, after Tía Tere asked me to conduct an oral history of her life, I learned more about her encounter and realized I got key facts wrong. The current version is not revised to fit these facts; it is a half-fictionalized and mythologized version of the events. Tía Tere was kidnapped from her home in San Agustín, San Agustín, 1979.

"Said Sipakti to her Son": According to Tim Lohrentz, nawat, the name and language of an indigenous group within El Salvador, comes from the Mayan Ch'ort' 'nab wat', which means "forget about returning home",

los hechos y me pidió difundirlos, aunque tiempo después me solicitó una historia oral de su vida y fue entonces cuando además de aprender más sobre lo que ocurrió me di cuenta de que había consignado mal algunos momentos clave. La versión que presento en este libro no se apega estrictamente a la realidad por ser un relato mitologizado y con elementos ficticios añadidos a los hechos.

Respecto al poema "Esto dijo Sipakti a su hijo", según Tim Lohrentz nawat, el nombre de una etnia indígena afincada en El Salvador que también designa a su lengua, procede del ch'ort maya "nab wat", que significa "olvídate de regresar a casa", nombre que se le dio a este pueblo dadas las muchas generaciones de sus integrantes como refugiados que huían de la guerra y de la violencia.

La madre descrita en el poema "El corazón de mamá", busca representar a todas las madres inmigrantes salvadoreñas, motivo por el cual las experiencias descritas en el primer movimiento del mismo resultan contradictorias con el resto del libro, al no pertenecer varias de ellas a mi madre.

Respecto a "Debí haber sido Felipe Amaya", desconozco si el batallón Atlácatl fue el que atacó realmente a mi abuelo o si lo hizo algún otro destacamento de la milicia gubernamental; no obstante, nombro al batallón Atlácatl con la finalidad expresa de remitir al lector a hechos documentados de abuso militar durante la guerra en El Salvador.

a name they were granted given their generations as refugees, fleeing violence and warfare.

"Mama's Heart": the mother in this poem is supposed to represent all immigrant Salvadoran mothers, and thus, the experiences described in the first movement of the poem are contradictory and do not all belong to my mother.

"Shoulda been Felipe Amaya": I don't know whether the Atacatl battalion attacked my grandfather or if it was another group of government soldiers. I name the Atacatl battalion to point to documented history of military abuse.

AGRADECIMIENTOS

a mami y papi, por todo lo que me han dado.

a mi hermano, Carlos Palomo, especialmente por inculcarme el amor por el hip-hop y la palabra hablada desde niño.

a mi hermana, Yesenia Quintana, especialmente por presionar a nuestros padres para que me dejaran asistir a Spy Hop Productions y correr por la ciudad escupiendo poesía cuando fui adolescente.

a Anushka Sen, por su gusto impecable y ojo generoso, por su hombro.

a María Teresa Amaya y todos mis tíos y tías; gracias por confiarme sus historias.

a Loren y Maryvic Ruiz, por llevarme a mi primer micrófono abierto de poesía, por ser mi segunda familia y amigos a lo largo de los años.

a Cody Winger y Dee Emett, por hacer que me enamorara del concurso de poesía en Mestizo's Coffee House en 2009.

a todos aquellos que alimentaron mi energía creativa cuando yo era solo un adolescente incómodo, a veces horrible: Ryan Joseph Carter, Dr. Pfeiffer, Darren Ward, Susan McCandless, Shannalee Otañez, James Barton, Jeremy Chatelin, Adam Woolsey, Michael Dimitri, Doni Faber y Adam Love.

a mi equipo en Westminster Slam, especialmente a nuestro entrenador Jesse Parent, Tanesha Nicole Tyler y Fayce Hammond.

a Selina Foster, tu recuerdo me da valor y me llena de amor. Agradezco haber conocido tu fuerza y tu luz. Por favor, visítame cuando tengas la oportunidad. Te extraño.

ACKNOWLEDGEMENTS

a mami y papi, por todo que me han dado.

to my brother, Carlos Palomo, especially for instilling in me a love for hip-hop and spoken word as a child.

to my sister, Yesenia Quintana, especially for pushing our parents to let me attend Spy Hop Productions and run around the city spitting poetry as a teen.

to Anushka Sen, for your impeccable taste and generous eye, for your shoulder.

a María Teresa Amaya y todas mis tías y tíos, gracias por confiarme tus historias.

to Loren and Maryvic Ruiz, for taking me to my first poetry open mic, for being my second family and friends throughout the years.

to Cody Winger and Dee Emett, for making me fall in love with poetry slam at Mestizo's Coffee House in 2009.

to all those who nurtured my creative energy when I was just an awkward, at times awful, adolescent: Ryan Joseph Carter, Dr. Pfeiffer, Darren Ward, Susan McCandless, Shannalee Otañez, James Barton, Jeremy Chatelin, Adam Woolsey, Michael Dimitri, Doni Faber, and Adam Love.

to my squad at Westminster Slam, especially our coach Jesse Parent, TaneshaNicole Tyler, and Fayce Hammond.

to Selina Foster, your memory gives me courage and fills me with love. I am grateful to have known your strength and light. Please visit me when you get a chance. I miss you.

a los McNair Scholars en Westminster College, por invertir en mí y creer en mi trabajo, especialmente a Eileen Chanza Torres por tomarme bajo su ala y perfeccionar mis muestras de escritura y declaraciones de propósito.

a The Frost Place y a la Conferencia de Escritores de la Universidad de Indiana, por invertir en mí y brindarme el espacio para redactar este manuscrito.

a mi comunidad en Indiana y por las montañas que han movido: Anna Cabe, Lillian Casillas, Sayra Campos, Emily Corwin, Leticia González, Stephanie Huezo y familia, Bill Johnston, Anni Liu, Mintzi Martínez-Rivera, Dara Márquez, Audrey Muston, Sophia Muston, Gabriel Peoples, Guadalupe Pimentel, Gionni Ponce, Pallavi Rao, Catalina de Onis, Joe Thorton, Yusaku Yajima, Irene Zhao y, en especial, Tessa Yang, Danielle Hernández y Luca Fitzgerald.

a mi Familia Macondo, quienes me dieron el espacio para ser vulnerable con las partes más tiernas de este manuscrito y me brindaron guía espiritual en un momento crucial, en especial a Pat Alderete, Ro Alegría, Sandra Cisneros y Allison Hedge Coke.

a todos en el V Festival de Poesía Amada Libertad, especialmente a Alberto López Serrano, Jorge López, Josué Andrés Moz y Claudia Flores: su aliento me ha inspirado a traducir todo lo que pude de este libro al español y luego a que fuera traducido por Alejandro Garzón y el propio Moz. Porque gracias al Festival comencé las primeras traducciones que le permitieron a mi mamá entender mi trabajo. No puedo agradecerles lo suficiente por lo mucho que esto significa para mí.

a mi comité de tesis por ayudarme a dar forma a versiones anteriores de este manuscrito y por crear un espacio para todas mis luchas en el proceso: Adrian Matejka, Catherine Bowman, Alberto Varón y especialmente Ross Gay.

to the McNair Scholars at Westminster College, for investing in me and believing in my work, especially Eileen Chanza Torres for taking me under her wing and sharpening my writing samples and statements of purpose.

to The Frost Place and Indiana University Writer's Conference, for investing in me and providing me with the space to draft this manuscript.

to my community in Indiana and for the mountains you've moved: Anna Cabe, Lillian Casillas, Sayra Campos, Emily Corwin, Leticia Gonzalez, Stephanie Huezo y familia, Bill Johnston, Anni Liu, Mintzi Martínez-Rivera, Dara Márquez, Audrey Muston, Sophia Muston, Gabriel Peoples, Guadalupe Pimentel, Gionni Ponce, Pallavi Rao, Catalina de Onis, Joe Thorton, Yusaku Yajima, Irene Zhao, and especially Tessa Yang, Danielle Hernandez, and Luca Fitzgerald.

to my Macondo Family, who gave me the space to be vulnerable with the most tender parts of this manuscript and gave me spiritual guidance at a crucial moment, especially Pat Alderete, Ro Alegría, Sandra Cisneros, and Allison Hedge Coke.

to everyone at the V Festival de Poesía Amada Libertad, especially Alberto López Serrano, Jorge Lopez, Josué Andrés Moz, and Claudia Flores: your encouragement has inspired me to translate as much of this book into Spanish as I could and later to get it translated by Alejandro Garzón and Moz himself. Because of you I began early translations that allowed my mom to understand my work. I cannot thank you all enough for how much this means to me.

to my thesis committee for helping shape earlier versions of this manuscript and for creating space for all of my struggles in the process: Adrian Matejka, Catherine Bowman, Alberto Varón, and especially Ross Gay.

a Diana Delgado, Janel Pineda, Anthony Sutton, Stephanie Huezo (¡nuevamente!), Alexandra Regalado, Antonio López, Lucía de Sola y Karla Cordero por su generosa mirada en mi manuscrito y por darme el empujón que necesitaba.

a Elena Salamanca, gracias por dejarme usar tu poema y por todas tus palabras.

a Ada Limón, gracias por tu trato gentil hacia estos poemas durante el taller de IU y por darle nombre a este libro.

a Xemi Petrona Tapepechul, por el apoyo en las traducciones al nawat.

a Karina Alma, gracias por dejarme usar la línea de tu poema y el trabajo que has hecho por nuestra diáspora.

a mi escuadrón de revista La Piscucha, por todo el trabajo que hacen por El Salvador y nuestra diáspora.

a Natalie Scenters-Zapico y Francisco Aragón, por promocionar el libro y apoyar mi trabajo a lo largo de los años.

a Osvaldo Ramírez Castillo, gracias por dejarme usar tus hermosas imágenes para el libro; significa mucho para mí, poder ver mi trabajo junto al de los artistas visuales Salvi.

a Sarah May, gracias por la hermosa presentación y la conmovedora camaradería.

a Plumas Colectiva, gracias por ser mi verdadero hogar literario y artístico: Mónica Ayala, Chelsea Guevara, Sarah May (¡nuevamente!), Frances Ngo, Lin Flores, Laura Ruiz y Melissa Salguero.

to Diana Delgado, Janel Pineda, Anthony Sutton, Stephanie Huezo (again!), Alexandra Regalado, Antonio López, Lucía de Sola and Karla Cordero for your generous eyes on my manuscript and giving me the push I needed.

a Elena Salamanca, gracias por dejarme usar tu poema y por todas tus palabras.

to Ada Limón, thank you for your gentle handling of these poems during the IU workshop and for naming this book.

to Xemi Petrona Tapepechul, for the support in the nawat translations.

to Karina Alma, thank you for letting me use the line from your poem and the work you've done for our diaspora.

to my squad at La Piscucha Magazine for all the work you put in for El Salvador and our diaspora.

to Natalie Scenters-Zapico and Francisco Aragón, for blurbing the book and supporting my work throughout the years.

to Osvaldo Ramírez Castillo, thank you for letting me use your gorgeous images for the book; it means so much to see my work alongside Salvi visual artists.

to Sarah May, thank you for the lovely introduction and soulful comradery.

to Plumas Colectiva, thank you for my truest literary and artistic home: Monica Ayala, Chelsea Guevara, Sarah May (again!), Frances Ngo, Lin Flores, Laura Ruiz, and Melissa Salguero.

a toda la familia, amigos, mentores, maestros, compañeros escritores, colegas, editores y héroes que siempre han apoyado mi trabajo y han hecho todo lo posible para ayudarme a crecer como escritor y como persona:

Ranjan Adiga, Jane Allred, Richard Badenhausen, Anuradha Bhowmik, Ana Castillo, Jean Cheney, Deborah Cohn, Alejandro Cordóva, Anthony Correale, Soleil David, Annie Deppe, Ted Deppe, Sean Desilets, Michael Dimitri, Romayne Dorsey, Sean Thomas Dougherty, Martín Espada, Katy Evans, Megan Falley, Aby y Leo Figueora Helland, Brian Frandsen, Rachel Eliza Griffiths, Cynthia Guardado, Peter Guardino, Melissa Guevara, Blaine Hansen, Mary Jo Hinsdale, Mauricio Kabistan, Kailey Kornhauser, Quan Le, Chris LeCluyse, Leticia Hernández Linares, Kari Lindsey, Jarred "La Palabrista" Martínez, María Martínez, Lu Marzulli, Jamaal May, Alayna McNamara, Willian Antonio Mejia, Emma Metos, Miguel Huezo Mixco, Ana Iris Montano y Tía Chela y su familia, Sean Patrick Mulroy, Walton Muyumba, Kris Picasso, Pratik Raghu, Ruben Reyes Jr, Ana Patricia Rodríguez, Micki & Joe Rogan, Jorge Rojas, Alfio Saitta, Natasha Sajé, Casandra Sandoval, Aaron Samuels, Cecily Schuler, Micol Seigel, Carolina Silva, Sasha Stein, Samrat Upadhyah, Elizabeth Upshur, Lehí Valladares, Mel Van de Graaff, Mariela Vázquez, Tania Pleitez Vela, Marcos McPeek Villatoro, RJ Walker, David Watters, Natalee Wilding, y Mario Zetino.

a las siguientes editoriales por publicar algunos de estos poemas, a veces en versiones previas: *Bayou Magazine, Best New Poets 2018, Borderlands: Texas Poetry Review, Crab Orchard Review, Crazyhorse, Deluge, ellipsis... literature and art, Experiment-O, Great Weather for MEDIA, Guernica, Journey Indiana, Juked, Kweli Journal, Latino Rebels, Mapping Literary Utah, Minnesota Review, PBS, Pilgrimage, Raspa Magazine, Revista Antagónica, Solstice Magazine, Somos en Escrito, Stories From El Salvador, The Wandering Song: Central American Writing in the United States, Vinyl Poetry and Prose.*

to all the family, friends, mentors, teachers, fellow writers, colleagues, editors, and heroes who have always supported my work and done what they can to help me grow as a writer and person:

Ranjan Adiga, Jane Allred, Richard Badenhausen, Anuradha Bhowmik, Ana Castillo, Jean Cheney, Deborah Cohn, Alejandro Cordóva, Anthony Correale, Soleil David, Annie Deppe, Ted Deppe, Sean Desilets, Michael Dimitri, Romayne Dorsey, Sean Thomas Dougherty, Martín Espada, Katy Evans, Megan Falley, Aby y Leo Figueora Helland, Brian Frandsen, Rachel Eliza Griffiths, Cynthia Guardado, Peter Guardino, Melissa Guevara, Blaine Hansen, Mary Jo Hinsdale, Mauricio Kabistan, Kailey Kornhauser, Quan Le, Chris LeCluyse, Leticia Hernández Linares, Kari Lindsey, Jarred "La Palabrista" Martínez, María Martínez, Lu Marzulli, Jamaal May, Alayna McNamara, Willian Antonio Mejia, Emma Metos, Miguel Huezo Mixco, Ana Iris Montano y Tia Chela y familia, Sean Patrick Mulroy, Walton Muyumba, Kris Picasso, Pratik Raghu, Ruben Reyes Jr, Ana Patricia Rodriguez, Micki & Joe Rogan, Jorge Rojas, Alfio Saitta, Natasha Sajé, Casandra Sandoval, Aaron Samuels, Cecily Schuler, Micol Seigel, Carolina Silva, Sasha Stein, Samrat Upadhyah, Elizabeth Upshur, Lehí Valladares, Mel Van de Graaff, Mariela Vazquez, Tania Pleitez Vela, Marcos McPeek Villatoro, RJ Walker, David Watters, Natalee Wilding, and Mario Zetino.

to all the journals that published some of the poems, sometimes in earlier versions: *Bayou Magazine, Best New Poets 2018, Borderlands: Texas Poetry Review, Crab Orchard Review, Crazyhorse, Deluge, ellipsis… literature and art, Experiment-O, Great Weather for MEDIA, Guernica, Journey Indiana, Juked, Kweli Journal, Latino Rebels, Mapping Literary Utah, Minnesota Review, PBS, Pilgrimage, Raspa Magazine, Revista Antagónica, Solstice Magazine, Somos en Escrito, Stories From El Salvador, The Wandering Song: Central American Writing in the United States, Vinyl Poetry and Prose.*

Opiniones

"El sobresaliente debut de Willy Palomo lleva un bisturí hacia el corazón de la biografía como género, corta las arterias de la nostalgia heredada de una patria y abre los capilares de los traumas de mamá, abuela y bisabuela. Este libro es una desgarradora narrativa familiar de la historia de violencia en El Salvador y el viaje de una familia que se dirige hacia el norte con la esperanza de conseguir estabilidad y la posibilidad de la alegría. Los poemas de Palomo son una adición importante y única a la creciente voz de los escritores centroamericanos en los Estados Unidos".

—Natalie Scenters-Zapico,
autora de *The Verging Cities* y *Lima :: Limón*

"«[C]ada herida en mi carne / se convierte en una boca / entonces besa, entonces canta, entonces traga», canta la pieza titulada «Dijo Sipakti a su hijo». Engañosamente sencillo, este terceto es emblemático del arte que Willy Palomo despliega en este notable debut, poniendo en primer plano, diría yo, una poética particular con conciencia de género «algunos le llaman a eso doble turno / —la manera en que nuestras madres criaban niños trabajando el doble / y preparando de cenar a hombres sarnosos y borrachos por la cerveza / barata— pero es más que eso». De hecho: la caja de herramientas que se exhibe aquí, desplegada poema tras poema, me sobresaltó, me dejó sin aliento".

—Francisco Aragón,
autor de *After Rubén* y *His Tongue a Swath of Sky*

BLURBS

"Willy Palomo's outstanding debut takes a scalpel to the heart of biography as a genre, cuts through to the arteries of inherited nostalgia for a motherland, and opens the capillaries of a mama, abuela, and bisabuela's traumas. This book is a gut wrenching family narrative of the history of violence in El Salvador and a family's journey north in hope of stability and the possibility of joy. Palomo's poems are an important and unique addition to the growing voice of Central American writers in the United States."

—Natalie Scenters-Zapico,
author of *The Verging Cities* and *Lima :: Limón*

"'[E]ach wound in my flesh / becomes a mouth / so kiss so chant so swallow' sings the piece titled 'Said Sipakti to Her Son.' Deceptively straightforward, this tercet is emblematic of the art Willy Palomo unfurls in this arresting debut, foregrounding, I would argue, a particular gender-conscious poetics—'some call it double labor / —the way our mothers raised children working // doubles & cooking dinners for mangy men piss-drunk / on cheap beer—but it was more than that.' Indeed: the toolbox on display here, deployed in poem after poem, startled me, took my breath away."

—Francisco Aragón,
author of *After Rubén* and *His Tongue a Swath of Sky*

Biografía

Willy Palomo (él/elle/ella) es hijo de dos refugiados provenientes de El Salvador. Su escritura ha aparecido en *Best New Poets 2018, Latino Rebels, The Wandering Song: Central American Writing in the United States,* entre otras publicaciones más. Ha presentado e interpretado su poesía a nivel internacional en cientos de eventos, incluyendo el Consejo Nacional de la Asociación de Educadores Urbanos, SUU Festival de Cine del Orgullo, la Conferencia de Liderazgo Latino de Indiana, el Poetry Slam Nacional, el Festival Internacional de Poesía Amada Libertad en El Salvador, y más. Ha enseñado literatura, escritura creativa y la poética del rap en universidades, centros de detención juvenil, centros comunitarios y escuelas secundarias. Su proyecto debut de rap, *Enter Da BoomBow,* fue publicado de manera independiente

en abril de 2023 por BoomBow Arts. Es miembro fundador de Plumas Colectiva, un colectivo de creadores literarios y artísticos latinos con sede en Utah. De 2019 a 2022, dirigió el Festival del Libro de Humanidades de Utah y el Centro para el Libro en Humanidades de Utah. Sigue el @ BoomBowsFinest en Instagram.

Bio

Willy Palomo (he/they/she) is the son of two refugees from El Salvador. His writing has been featured in *Best New Poets 2018, Latino Rebels, The Wandering Song: Central American Writing in the United States,* and more. He has keynoted or performed his poetry internationally at hundreds of events, including  the National Council of Urban Educators Association, SUU Pride Film Festival, Indiana Latino Leadership Conference, the National Poetry Slam, el Festival Internacional de Poesía Amada Libertad in El Salvador, and more. He has taught literature, creative writing, and the poetics of rap in universities, juvenile detention centers, community centers, and high schools. His debut rap project *Enter Da Boombow* was published independently in April 2023 by BoomBow Arts. He is a founding member of Plumas Colectiva, a collective of Latine literary and art creators based in Utah. From 2019 to 2022, he directed the Utah Humanities Book Festival and Center for the Book at Utah Humanities. Find him @BoomBowsFinest on Instagram.